IMAGINAÇÃO

Dados Internacionais de Catalogação na Publicação (CIP)
(Câmara Brasileira do Livro, SP, Brasil)

Kast, Verena
Imaginação : espaço de autoconhecimento e liberdade / Verena Kast ; tradução de Markus A. Hediger. – Petrópolis, RJ : Vozes, 2024.

Título original: Imagination.

1ª reimpressão, 2025.

ISBN 978-85-326-6972-8

1. Autoconhecimento (Psicologia) 2. Imaginação (Psicologia) 3. Criatividade 4. Psicologia analítica I. Título.

24-217549 CDD-153.3

Índices para catálogo sistemático:

1. Imaginação : Psicologia 153.3

Tábata Alves da Silva – Bibliotecária – CRB-8/9253

Verena Kast

IMAGINAÇÃO

Espaço de autoconhecimento e liberdade

Tradução de Markus A. Hediger

Tradução do original em alemão intitulado *Imagination – Zugänge zu inneren Ressourcen finden*

Direitos de publicação em língua portuguesa:

2024, Editora Vozes Ltda.
Rua Frei Luís, 100
25689-900 Petrópolis, RJ
www.vozes.com.br
Brasil

Editoração: Luciana Chagas
Diagramação: Editora Vozes
Revisão gráfica: Michele Guedes Schmid
Capa e ilustração de capa: Rafael Machado

ISBN 978-85-326-6972-8 (Brasil)
ISBN 978-3-8436-0156-6 (Alemanha)

Este livro foi composto e impresso pela Editora Vozes Ltda.

Sumário

Notas introdutórias

Publiquei este livro 24 anos atrás sob o título *Imagination als Raum der Freiheit. Dialog zwischen Ich und Unbewusstem* [Imaginação como espaço da liberdade: diálogo entre o eu e o inconsciente]. Estou muito feliz por poder republicá-lo, em uma edição revisada e ampliada, por conta de aspectos que se tornaram importantes para mim ao longo das duas últimas décadas.

Desde então, minha postura em relação ao conceito de imaginação na escola junguiana só mudou no sentido de que hoje estou ainda muito mais convencida de que se trata de um método totalmente natural, passível de ser praticado por todas as pessoas, e que, quando ensinado de maneira correta, pode ser um grande recurso em muitos âmbitos. A imaginação abre caminhos para uma nova vivacidade interior, muitas vezes também para a criatividade, e como método consiste em grande ajuda na terapia. A imaginação também permite que as pessoas trabalhem e mudem suas convicções sobre o mundo e sobre si – convicções essas que são de importância fundamental.

Já na época, eu achava que a influência de C.G. Jung não era suficientemente considerada nas numerosas publicações acerca da imaginação. De lá para cá, foi publicada a obra junguiana *O Livro Vermelho*, como fac-símile. Esse livro mostra o desenvolvimento da chamada "imaginação ativa". O próprio Jung acreditava que toda a sua obra científica posterior a 1912 se devia essencialmente às imaginações. Isso mostra a importância fundamental que elas tinham para o autor e revela que, nessas experiências simbólicas, podemos encontrar também os fundamentos para teorias científicas.

Não podemos existir sem a imaginação: nossas lembranças, planos e conversas dependem dela. Quando imaginamos ativamente, recorremos ativamente às nossas representações mentais. Estamos conectados com emoções, sentimentos e cognições, e é isso que caracteriza nossa vivacidade, que faz nossa vida mudar e se desenvolver.

Parece-me de importância essencial abrir um espaço imaginativo no contexto da terapia. No entanto, muitas pessoas precisam primeiro exercitar a imaginação, e são poucas as que conseguem dominá-la sem instrução para tal.

Este livro se dirige a quem deseja aprender a técnica da imaginação e a quem quer explorar ainda mais o espaço no qual ela se situa. Ele se dirige também a terapeutas que trabalham com a imaginação como uma faculdade natural do ser humano, sendo este capaz de desbravar um novo espaço de vida caso a aplique e exercite.

Esta obra resultou do meu trabalho prático, no qual sempre tentei introduzir as pessoas ao conceito de que trato aqui e, aos poucos, aproximá-las da imaginação ativa mais especificamente. Por essa razão, acrescento sempre algumas instruções que uso em meu trabalho. Essas instruções pretendem ser sugestões, servindo de orientação ao leitor que deseja exercitar suas habilidades imaginativas.

Com a ajuda de exemplos de caso (todos os nomes e detalhes pessoais foram anonimizados), ilustrarei diversas possibilidades da imaginação e especialmente os problemas que ela pode suscitar. Esses exemplos o ajudarão a se familiarizar com o espaço da imaginação.

Agradeço de coração a todos que me permitiram citar suas imaginações ou partes delas neste livro.

Agradeço particularmente à Dra. Christiane Neuen pela sugestão de reeditar este livro e por sua revisão cuidadosa.

Verão de 2011.

Verena Kast

1
O que é imaginação?

1.1 Imaginação como espaço da liberdade

O espaço da imaginação é o espaço da liberdade e das possibilidades, onde limites são transpostos e o tempo é relativizado de modo muito natural, onde se podem vivenciar possibilidades de que já não dispomos ou a que ainda não temos acesso. O espaço da imaginação é o lugar da memória, mas sobretudo o lugar do futuro trazido para o presente. Na imaginação, torna-se possível muito daquilo que consideramos impossível ou que se apresenta a nós como fantástico. Nas imaginações, nossa alma se representa por meio de seus desejos, angústias, anseios e possibilidades criativas. Situações que já vivenciamos podem ser revividas. Graças às nossas capacidades imaginativas, também conseguimos nos colocar no lugar de outras pessoas e experimentar como elas se sentem. Podemos imaginar circunstâncias diferentes, vislumbrar possíveis mudanças para determinada condição. Na imaginação, podemos também nos confrontar com aspectos psíquicos que ainda nos parecem insólitos; tais aspectos nos põem em contato com elementos "estranhos" em nossa psique e, assim, contribuem para integrá-los, ajudando-nos a nos familiarizar com eles.

Na imaginação, porém, a realidade vivenciada se torna símbolo: de certa maneira, ela se transforma na zona intermediária entre aquilo que vivenciamos de modo concreto e nosso pano de fundo psíquico, conectando ambos. A imaginação está vinculada com o mundo externo e concreto, ela o representa, transforma nossa vivência e, assim, modifica esse mundo externo da experiência tangível. Embora a imaginação tenha muito a ver com o nosso mundo interior, nos pontos em que permanece fértil, ela nunca perde o contato com o mundo externo, sem contudo permanecer presa a este, mas transcendendo-o.

1.2 O conceito da imaginação

Quando nos referimos à imaginação, remetemos à atividade do nosso potencial de conceber mentalmente, fantasiar, devanear. Mesmo que possa haver diferenças entre esses fenômenos, todos eles dizem respeito ao campo da imaginação e, sendo desnecessárias diferenciações específicas, falarei simplesmente de "imaginação" (Mainberger, 1979, pp. 25-43).

Dizer que o ser humano dispõe de capacidades imaginativas significa afirmar que ele é capaz de ter uma imagem mais ou menos figurativa de algo que já não está no tempo presente ou ainda não veio a ser parte dele, podendo até nunca vir a ser. Essas representações podem ser muito figurativas, determinadas predominantemente por cores ou formas; mas também podem se expressar mediante uma lembrança ou antecipação olfativa, uma memória ou fantasia tátil ou recordações e expectativas acústicas. Podem ser também de natureza mais mental ou expressar-se em representações de movimentos corporais.

Nosso poder de imaginação se expressa de modo mais impressionante nas representações das artes plásticas, da pintura, da literatura, da música, mas igualmente na criação de hipóteses científicas. Em essência, ele se manifesta em todas as fantasias mentais, a despeito de estas poderem ser realizadas ou não e de resolverem problemas ou criarem outros mais.

Devemos ao poder de imaginação as representações criativas; estas, por sua vez, voltam a estimulá-lo – basta lembrar a literatura que parece ter sido criada para estimular nossa fantasia e que nos permite nos colocar imaginativamente no lugar dos diversos personagens.

A despeito dessa grande importância para a cultura e para a vida humana em geral, a imaginação não tem uma fama muito boa. Não há dúvida de que grandes obras devem sua origem à força imaginativa, mas essa força também assusta: todos já ouvimos que algo não passou de "imaginação" nossa, ou que alguma coisa só existe na imaginação, que algumas pessoas não conseguem mais enxergar a *realidade* pois a substituíram pela fantasia.

Nossas imaginações podem nos ajudar a entender o mundo, a antecipar o que ocorrerá em determinadas situações, a interpretar um fato de maneira emocionalmente apropriada por meio da empatia. Mas elas também podem obstruir nossa visão da realidade, sobretudo quando são determinadas pelos problemas que enfrentamos. Quando, por exemplo, temos uma ideia muito vívida de como queremos que uma pessoa amada seja, isso pode dificultar que a vejamos como uma parceira real – suas ações são interpretadas de acordo com as nossas imaginações (Frisch, 2011).

A própria expressão "poder de imaginação" é passível de ser entendida como algo exclusivamente "imaginado", que não corresponde à realidade. Remete ainda ao temor de que uma pessoa possa emigrar para o espaço do imaginário, sair do mundo considerado real por determinado grupo e entrar em um "mundo irreal", esquivando-se assim do "mundo real", o mundo de que os seres humanos compartilham. A expressão "força de imaginação" denota que estamos lidando com uma força, uma dinâmica que deve ser levada em conta por seu potencial transformador, o que explica tal temor.

A palavra "fantasia" também gera duas expectativas distintas: sabemos que, sem ela, jamais encontraríamos soluções criativas, por mais corriqueiras que fossem as circunstâncias. Ao lidar com o dia a dia, cada ser humano depende de sua fantasia. Mas as soluções não devem ser fantásticas demais, não podem ser excessivamente irrealistas. A imaginação, o espaço da liberdade, a precondição para mudanças criativas, para obras inventivas, é também espaço do medo: existe o risco de que esse lugar nos afaste da "realidade", retire-nos da dimensão cotidiana. Mas é justamente essa a sua função. O mundo da imaginação é um mundo de possibilidades diferentes, algo de que *também* dispomos. Nele se expressa o anseio humano pelo "totalmente diferente" – pelo divino –, bem como nossas possibilidades de vivenciá-lo e de moldá-lo por meio do diálogo com ele.

Esse anseio pelo "totalmente diferente" pode ser forte a ponto de o diálogo mutuamente fecundo entre o mundo cotidiano e o mundo da imaginação ficar desequilibrado.

1.3 Imaginação como recurso

Sempre convivemos com as nossas imaginações, há sempre alguma coisa passando pela nossa mente. Pode se tratar de algo mais abstrato ou uma espécie de "cinema mental". Hoje, existe consenso em relação a isso; todos conseguimos nos identificar com uma situação como esta, por exemplo: estamos à mesa, e uma pessoa diz: "Vocês se lembram de quando praticamos surfe naquela praia, dois anos atrás?" Em sua imaginação, todos vão para aquela praia. Quem mais estava lá? Quem era aquele sujeito maluco que vivia caindo da prancha, mas sempre voltava a subir nela, com a esperança desesperada de que, em algum momento, conseguiria ficar de pé? Juntos descobrimos quem era. Não sabemos o que aconteceu com ele depois daquela temporada, mas imaginamos que tenha buscado realizar seus planos com a mesma obstinação, por mais loucos que fossem. Nossa força de imaginação entra em ação; ela recupera lembranças e nela se desenvolvem os sentimentos e as situações relacionadas a essas lembranças. Então, um novo tema passa a ser discutido: férias. Onde passaremos as próximas férias? Como serão? Como nos sentiremos? Imaginamos – criamos uma imagem – acerca dessas férias. Nossa força de imaginação está sempre em ação. Antonio R. Damasio, neurobiólogo que se ocupa intensamente das imaginações e respectivas emoções, afirma: "Poderíamos dizer que as imaginações são a moeda do nosso espírito" (2000, p. 383; 2011). O que Damasio quer dizer com isso é que as nossas imaginações nunca descansam, aparecendo inclusive no sono, na forma de sonhos.

A força da imaginação não apenas nos traz o passado, na forma de lembrança, e nos permite imaginar o futuro nas mais lindas cores, mas também revela o que tememos, quais conflitos se escondem por trás de nossa ansiedade. Além disso, abre novos espaços, transmite-nos esperança e, assim, ajuda-nos a sobreviver, ou melhor, a viver, pois é um recurso fundamental. E aqui me refiro ao termo "recurso" de maneira muito ampla, como fontes que existem dentro de nós e às quais podemos recorrer, que nos dão acesso ao aprimoramento pessoal e a autoeficácia, bem como à regulação dos sentimentos e a ideias novas, ainda que em conjunto com um sentimento de esperança temerosa. A qualidade de vida melhora, podemos voltar a experimentar sentido, tornamos a confiar em nós mesmos e nos sentimos competentes.

1.3.1 Alguns exemplos

• Crianças num ambiente pouco estimulante devoram livros, vivem no mundo propiciado por eles. Desses livros, elas extraem conhecimento e prática de vida: não existe apenas uma família, existem muitas composições familiares, muitas maneiras de ser criança, muitos destinos. Elas podem escolher, tomar decisões! Um mundo de imaginações interessantes é tão significativo quanto o mundo cotidiano, se não mais significativo ainda. Aqui, a imaginação é estímulo mental, representação de possibilidades, e assim dá amplitude ao projeto de vida pessoal, provoca um sentimento de liberdade.

• De repente, um executivo estressado se vê em uma expedição nas montanhas, ele se "observa" lutando na montanha – algo que, como ele mesmo diz, lhe "sobreveio" fazendo-o distanciar-se dos muitos trabalhos que precisava executar. Então, esse homem se convenceu de que, assim como na montanha, com toda a calma e todo o empenho, conseguiria concluir bem seu trabalho e superar seu medo de não dar conta dele. A imaginação aliviou o estresse e colocou esse homem em contato com suas competências.

• Uma mulher com câncer, pouco antes de sua morte muito precoce, queixou-se de que, embora houvesse escalado montanhas no Himalaia, já não conseguia fazer uma curta caminhada sem perder o fôlego. Ela descreveu as imagens que tinha do Himalaia: como escalava, como era o cheiro nas barracas, a sensação de estar no cume de uma montanha na companhia de poucas pessoas e poder contemplar aquela paisagem majestosa. Ela havia "treinado" essa imaginação de modo sistemático, lembrando-se de imagens e impressões originadas durante suas excursões nas montanhas; ao fazê-lo, ela se sentia cada vez mais viva. Poucos dias antes de falecer, essa mulher afirmou que ainda conseguia acessar tais imagens, as quais chamava de "imagens da vida densa". A imaginação lhe permitira trazer, da lembrança para o tempo presente, uma experiência que considerava muito importante; mais do que isso, permitira a ela reviver essa experiência de forma muito vivaz e robusta. A imaginação a lembrara de que ela era também "aquilo", o que lhe ofereceu uma perspectiva positiva em relação à vida.

• Viktor Frankl, em seu livro *Trotzdem Ja zum Leben sagen: Ein Psychologe erlebt das Konzentrationslager* [*Um psicólogo no campo de concentração*] (2005), descreve como, já sem forças, imaginava sua esposa e falava com ela:

> Mas agora meu espírito estava preenchido pela figura, à qual se agarra àquela fantasia incrivelmente vívida que, na vida normal, eu nunca tinha vivenciado. [...] Compreendo que o ser humano, quando nada mais lhe resta neste mundo, pode ser bem-aventurado, mesmo que apenas por alguns instantes, em seu íntimo entregue à imagem da pessoa amada (p. 71).

É claro que aqui não se trata apenas da imagem, mas também do amor e, portanto, de uma experiência de sentido.

• E existem ainda exemplos muito mais comuns: a vida está muito cansativa, e então a pessoa se lembra de como é possível vivenciar uma linda tarde: fazer uma caminhada, assistir a um filme interessante; em suma, dedicar-se a algo que costuma lhe fazer bem ou gerar uma expectativa positiva. Essa rápida imaginação ocasiona uma mudança na emocionalidade. A vida, antes restrita, volta a se abrir, e a pessoa torna a ter espaço para respirar.

Temos imaginações não só para nós mesmos, nós as compartilhamos com outros; nessa partilha, elas promovem proximidade e fortalecem os vínculos emocionais e sociais. Quando estamos apaixonados, por exemplo, relatamos nossas fantasias mais secretas – ou mesmo fantasias de "outros" em situação semelhante, como em livros e filmes. Nesse tipo de cenário imaginário, em que evidentemente falamos a nosso respeito, não há vergonha nem culpa, mas muito prazer. Então, juntos podemos decidir o que queremos encenar um com o outro. A imaginação possibilita uma proximidade inofensiva que pode ser regulada facilmente.

Quando nos referimos à imaginação ou ao poder de imaginação, tratamos de um espaço passível de ser construído por meio do consumo – quando lemos livros, assistimos a filmes ou contemplamos outras obras de arte (imaginações compartilhadas, por vezes ao longo de séculos) – ou da produção, quando somos os criadores dessas obras.

A imaginação cria histórias e, no caso dos artistas, cria obras de arte. Temos uma tendência natural para treinar nossa força de imaginação, deixá-la mais viva. Somos estimulados pelas obras criativas de outros, ou seja, pela imaginação tornada em matéria, e, em ressonância com esta, concebemos algo nosso – uma ideia, um pensamento, um sentimento ou um livro inteiro.

As pessoas se interessam bastante pelo mundo da fantasia, do faz de conta, da mobilidade possível nesse espaço. Elas querem ser estimuladas a adotar outras perspectivas, sustentadas, sobretudo mediante incentivo mútuo, pela certeza de que tudo pode ser diferente, de que sempre existem outras possibilidades ainda que não se consiga enxergá-las.

Damasio acredita que o cérebro produz constantemente uma "abundância" de imagens causada pela percepção sensual, as quais, por sua vez, provocam lembranças (2011, p. 185ss.). Imagens explícitas são acompanhadas por outras que "representam o estado do corpo durante o desdobramento de todas essas imagens" (Damasio, 2011, p. 185). O cérebro tende a organizá-las como faz um diretor de cinema. Em determinado momento, só podemos voltar nossa atenção para um pequeno número de imagens. "Imagens especialmente valiosas foram 'destacadas' por fatores emocionais devido à sua grande importância para a sobrevivência" (Damasio, 2011, p. 186). Para esse autor, a consciência é "retardatária" no gerenciamento da vida (2011, p. 188). Quanto à importância evolucionária da consciência: "O mecanismo de processamento de imagens passou a ser controlado pela reflexão, servindo para *antecipar mentalmente algumas situações, prever possíveis consequências, orientar-se em um possível futuro e inventar soluções práticas*" (Damasio, 2011, p. 188; grifo meu).

As imagens sempre existiram, e Damasio também acredita que elas compõem o inconsciente (2011, p. 188). Mas a consciência permite escolhê-las, processá-las e refletir sobre elas. Elas passam a ser úteis a serviço da sobrevivência, sendo, sob esse ponto de vista, igualmente um recurso.

1.4 Percepção e imaginação

O mundo da imaginação fascina e assusta; ela pode conferir novas dimensões ao nosso dia a dia, mas também pode ser um lugar onde nos perdemos. Na linguagem cotidiana, isso costuma ser designado pela expressão "tornar-se irrealista" ou "perder a conexão com a realidade". Dizemos o mesmo sobre pessoas que desenvolvem ideias criativas quando não entendemos tais ideias.

Essa argumentação revela que temos a tendência de julgar a realidade exterior concretamente perceptível – que julgamos ser apreendida de forma semelhante por todas as pessoas, o que não é verdade – como real e o mundo interior como não real. Assim, somos encorajados repetidas vezes a fazer uma avaliação da realidade, a nos perguntar se aquilo que imaginamos está alinhado com ela, com o que é concreto. Certamente, faz sentido comparar o que percebemos de uma situação – percepção essa que, por sua vez, resulta também de muitas imaginações e representações pessoais – com o que outros percebem da mesma situação. Contudo, nunca ocorre de a percepção de uma pessoa ser totalmente "real" e a de outra ser totalmente "irreal"; o que acontece é que comparamos duas realidades, e elas podem influenciar uma à outra.

É problemático designar a realidade que se baseia essencialmente na percepção do que é externo e concreto como *a* realidade e ver aquela que se baseia predominantemente em imaginações como não realidade.

Para uma criança que tem medo de cachorros, no encontro com um deles, a imagem que ela tem do que vê – "um cachorro grande que a ataca e derruba, coloca a pata em seu peito e abre a boca com aqueles numerosos dentes terríveis, enquanto a língua pende da boca" – é muito mais real e determinante do que a informação de que, no caso, trata-se de um animal amoroso, velho, um pouco devagar e banguela, que não precisa ser temido. Não importa se essa informação se aproxima muito mais da realidade do que a imagem fantasiada pela criança.

Mesmo assim, a informação de que esse cachorro não corresponde à imagem interna da criança pode despertar nesta a ideia de que talvez existam diferentes tipos de cachorros e, portanto, é preciso observá-lo para avaliar o risco.

Justamente o convívio e o trabalho com as imaginações sugere que não podemos partir da suposição de que uma pessoa consegue reconhecer a plena realidade daquilo que vivencia enquanto outra é incapaz de fazê-lo. Assim, faz muito sentido comunicar como avaliamos determinada situação e então entrar em um diálogo potencialmente frutífero em vez de brigar sobre quem está certo nessa situação – postura que, em geral, não soluciona os problemas e ainda é pouco estimulante.

A desconfiança em relação às imaginações, que se expressa claramente no temor de que o ser humano, com suas capacidades imaginativas, distancie-se demais da realidade perceptível a todos, mostra também a necessidade de manter o diálogo entre a percepção e a imaginação. Mas, de certo modo, essas duas noções formam uma unidade: percebemos estímulos externos, e quando os "desligamos" – como ao fechar os olhos –, conseguimos imaginar o que acabamos de perceber. No entanto, sabemos que somos capazes de alterar facilmente o que foi percebido – por exemplo, uma região por onde caminhamos adota características levemente diferentes na imaginação; assim, quando voltamos a essa região, ficamos surpresos diante do fato de ela ser muito mais vasta do que em nossa lembrança. Com a ajuda dessa nova percepção, controlamos então a nossa imaginação.

Também completamos a percepção com imaginações. Quando a nossa percepção não nos permite reconhecer algo porque falta a ela nitidez, ou porque dispomos apenas de um modelo rudimentar daquilo que é percebido, nós completamos tal percepção com a nossa força de imaginação até conseguir reconhecê-lo de forma clara. Muitas pesquisas da psicologia da Gestalt (Katz, 1961, p. 30ss.) se ocupam desse assunto.

Há ainda aquelas brincadeiras em que uma pessoa começa a desenhar e as outras precisam adivinhar o que está sendo desenhado. Muitas vezes, adivinhamos qual é o objeto pouco depois dos primeiros traços; outras, porém, nós nos enganamos devido às nossas expectativas internas.

Quanto menos informações temos para criar uma imagem perceptiva, mais recorremos à nossa imaginação, à fantasia, para criar uma "imagem nítida" de uma dada situação. Fazemos isso para conseguir lidar com o medo, acalmando-nos internamente, porque essa estratégia nos dá senso de orientação e nos permite obter uma imagem geral da situação. Quando nos encontramos num estado psíquico em que conseguimos absorver poucas informações – por exemplo, quando somos totalmente dominados pela raiva –, então a fantasia referente à situação passa a substituir a percepção.

Pode-se supor que percepção e imaginação se utilizam das mesmas vias cerebrais. Já foram realizadas várias pesquisas sobre essa questão (Singer, 1978, p. 207ss.); entre elas, muito conhecidas, simples e convincentes são as conduzidas por Hanna Segal (1978, p. 208), que verificou o chamado "fenômeno de Perky". Em 1910, Perky descobriu que pessoas que imaginaram um objeto específico numa tela vazia não conseguiram perceber, algum tempo depois, um outro objeto fracamente projetado sobre essa tela. Em contrapartida, quem não tinha imaginado nada na tela, conseguiu perceber o segundo objeto quando projetado. Segal investigou esse fenômeno e constatou que se trata de um resultado comum, o que significa que a imaginação consegue bloquear a percepção de estímulos externos. No entanto, isso só funciona quando o sinal externo pertence à mesma modalidade da imaginação: quando esta é de natureza visual, estímulos visuais não são percebidos, mas estímulos auditivos, sim.

Pesquisas mais modernas foram realizadas por Wolf Singer (2006). Segundo esse pesquisador, com base em resultados obtidos por ressonância magnética, quando, de olhos fechados, imaginamos um objeto, entram em ação muitos mecanismos de atenção e áreas visuais que são ativados quando percebemos esse objeto de olhos abertos.

Também somos capazes de voltar a atenção para as nossas imaginações. Singer aponta para a existência de estruturas cognitivas cerebrais que refletem a "representação do exterior" (2006, p. 40). Relativamente às áreas do córtex cerebral frontal, existem agora indícios de que os sinais de entrada não têm origem direta nos órgãos sensoriais, mas em áreas cerebrais mais antigas que, por sua vez, estão conectadas com tais órgãos (Singer, 2006, p. 40). Trata-se, portanto, da representação de uma representação, ou seja, de uma metarrepresentação. O ser humano é capaz de construir modelos internos, brincar com eles, simular consequências de forma lúdica, perceber as emoções correspondentes e, assim, evitar perigos. Isso significa que as metarrepresentações são úteis do ponto de vista evolucionário. E basta que imaginemos determinado conteúdo para que áreas cerebrais mais elevadas produtoras de metarrepresentações também entrem em atividade. Esse é um resultado significativo (Singer, 2006, p. 42). "Cabe a essas áreas a tarefa de orquestrar a atividade nas regiões específicas em que ficam armazenadas as representações necessárias à imaginação" (Singer, 2006, p. 43). O que significa essa afirmação?

A percepção não é simplesmente uma representação passiva da realidade, mas o resultado de um processo ativo e construtivista. Existe uma grande atividade autogerada na forma de imaginações em processos perceptivos, nos quais o cérebro – no sentido de padrões arquetípicos, como diríamos em terminologia junguiana – assume a iniciativa. Constantemente, o cérebro desenvolve hipóteses e representações de como o mundo poderia ser, e os sinais emitidos pelos órgãos sensoriais são comparados com essas hipóteses.

> Não existe aqui um agente que interpreta, controla e dá ordens. O comportamento coordenado e a percepção coerente (e, portanto, a representação coerente [a imaginação, V.K.]) devem ser compreendidos como qualidades emergentes ou processos de auto-organização, que incluem de igual modo todos esses centros intimamente interligados (Singer, 2006, p. 28).

e cria uma rede de muitos subsistemas. Esses processos acontecem em níveis distintos.

Tal descoberta indica que a força de imaginação é uma modalidade do processamento cotidiano de informações. Além disso, essas pesquisas nos encorajam a bloquear estímulos, fechando os olhos ou fixando o olhar num ponto específico, quando queremos nos entregar ao fluxo das imagens internas.

Podemos até supor que a força de imaginação seja a criadora de um todo sensato a partir das informações pontuais que o cérebro recebe dos órgãos sensoriais. Kant já suspeitava disso. Ele via a força de imaginação como um ingrediente necessário da percepção: "[...] a tarefa da força de imaginação é inserir, em uma única imagem, o múltiplo e diverso da percepção [...]"[1].

---

1. "Que a imaginação seja um ingrediente necessário da própria percepção, certamente ainda nenhum psicólogo cogitou. Isto porque, em parte, limitava-se essa faculdade apenas às reproduções e, em parte, porque se acreditava que os sentidos não apenas nos forneciam impressões, mas também as encadeavam e assim formavam imagens dos objetos, o que, sem dúvida, exige algo além da receptividade das impressões, a saber, uma função que as sintetize" (Kant, 1998, p. 176, nota).

2
A imaginação na neurociência e na psicoterapia

2.1 A imaginação como vida verdadeira: Varela e a neurociência cognitiva

Pouco antes de sua morte em 2001, o pesquisador cognitivo chileno Francisco J. Varela escreveu um artigo intitulado *Imagination als das eigentliche Leben* [A imaginação como vida verdadeira] (2000, pp. 56-59). Para esse estudioso, a imaginação figurativa é uma qualidade essencial na vida do ser humano.

Segundo Varela (2000), a imaginação produz conteúdos vivos, vivenciados e mentais. Como Singer, ele acredita que, em termos neurofisiológicos, a percepção e a imaginação se baseiam nos mesmos mecanismos. Os pontos comuns à percepção e à imaginação se mostram na interação do movimento, na língua, na memória.

Mas, para Varela, a imaginação não representa; antes, produz o que falta, ou seja, aquilo que está ausente e é criado pela força da imaginação. Isso consiste em uma teoria da criatividade. Varela sugere uma teoria enativa da capacidade imaginativa – a enação remete à aptidão humana para produzir imaginações figurativas a partir da autoatividade espontânea; estando continuamente atreladas a atividades sensório-motoras relacionadas a um ambiente externo (percepção, sensação corpórea), as imaginações são influenciadas, mas não determinadas. Varela chega a afirmar: "Uma percepção normal é, até certo nível basilar, uma imaginação delimitada pela motricidade sensorial" (2000, p. 57). Para ele, o essencial e primário é a imaginação, sendo a percepção seu corretivo – ou o corretivo da fantasia criativa livre. A imaginação seria, portanto, a "essência realmente psíquica" (Jung, 2012, p. 86). Ela sempre se reorganiza porque o organismo trabalha tomando por base uma integração abrangente de muitos processos concomitantes e autônomos. Hans Dieter Huber o diz assim:

> Esse processo não linear e emergente da imaginação figurativa é dinâmico e passageiro e ocorre em padrões pulsantes de temporalidade vivenciada. Do ponto de vista da neurociência, as imagens mentais se apresentam como padrões globais e dinâmicos, que integram muitas atividades simultâneas. Essa não linearidade e diversidade é, como suspeita Varela, a fonte da criatividade e da espontaneidade da imaginação (2008, p. 68).

John C. Eccles, famoso neurofisiologista, aponta para fato conhecido segundo o qual "[...] a percepção consciente, que deriva de algum estímulo sensorial geral, é decisivamente modificada por emoções, sentimentos e desejos" (citado em Popper & Eccles, 1982, p. 334). Isso significa que, quando ainda temos as imagens no nível da sensação, elas são imediatamente vinculadas a informações biográficas adicionais e equipadas com as respectivas emoções. Assim, surge uma "visão" muito individual das coisas.

Nos termos da psicologia profunda, isso significa que nossos complexos determinam tanto a absorção quanto a avaliação da informação (Kast, 1980, p. 16ss.). Como ressalta Eccles, conhecemos muito bem esse fenômeno: percebemos que a pessoa angustiada vê motivos de angústia por toda parte ou vivencia o aspecto angustiante de modo mais intenso, por exemplo, quando vê que uma criança que grita de medo e prazer num balanço alto pode cair (e por isso está amedrontada); contudo, essa pessoa não vê que a criança também se excita com a própria coragem. Por isso, nossas imaginações sempre expressam algo sobre nosso humor vigente; e, quando as comparamos ao longo de um período mais extenso, elas também nos informam sobre nossos maiores problemas e possibilidades emocionais.

Quando conseguimos mudar nossas imaginações, podemos também exercer influência sobre as emoções que lhes correspondem, alterando nosso humor.

Em resumo, pode-se dizer que a imaginação é um princípio fundamental do processamento de informações e emoções humanas. A atividade imaginativa sempre acompanha nossa percepção mais ou menos consciente como um fluxo ininterrupto de fantasias – das quais mal nos damos conta – ou, em sua forma oposta, como fantasia criada de modo consciente – ela é precondição para o trabalho criativo, em sentido muito geral, mas é também precondição para a vivência mística. A capacidade imaginativa está presente em cada ser humano e é usada, com maior ou menor consciência, para resolver problemas cotidianos ou projetar um mundo que, na ocasião em pauta, parece-nos mais satisfatório do que aquele em que vivemos.

Para Eccles (1987), a capacidade imaginativa é, como a inteligência, uma faculdade essencial do nosso cérebro. Esse autor acredita que não se pode aprender a imaginação, pois ela já existe em sentido fundamental, mas tampouco podemos perdê-la, nem mesmo na idade avançada.

Mesmo que não nos seja possível aprender a capacidade imaginativa, acredito que podemos exercitá-la e aprender a usá-la de maneira muito mais consciente do que costumamos fazer. Isso acontece, por exemplo, no treinamento mental de atletas.

Exercitar a imaginação faria sentido também no contexto das fantasias de temor, que costumam ser expressas com frequência, mas de modo estranhamente não emocional. As pessoas contam umas às outras que têm medo de adoecer ou de ser abandonadas, contam que ninguém lhes dá o que necessitam, que o mundo só piora. Essas fantasias são compartilhadas – para que, assim, tais pessoas alcancem algum grau de convicção, mas não há emoções e, portanto, não há consequências.

Na verdade, tais fantasias de temor são provocadas por medos subliminares. A pessoa que as vivencia, porém, não percebe mais o medo; por isso, este já não a abala. O sentido do medo é informar a pessoa de que ela está sendo ameaçada por um perigo e precisa tomar alguma atitude. Quando conseguimos imaginar essas fantasias de temor de modo verdadeiramente figurativo, conseguimos também sentir a emoção, que então deixa de se manifestar apenas como vago mal-estar. A imaginação também revela qual é o medo dominante, qual é o perigo que precisamos encarar ou aceitar; além disso, indica como remediar a situação.

Nossas imaginações e suas transformações são de importância extraordinária para a superação dos problemas com que deparamos cotidianamente – basta lembrar a intensidade com que, em nossa fantasia, analisamos situações essenciais e como antecipamos na imaginação o nosso comportamento e o comportamento de outras pessoas envolvidas.

O escopo da imaginação, porém, é muito mais amplo. Gaston Bachelard (1960, p. 4ss.), por exemplo, zomba dos psicólogos que usam a imaginação "apenas" para testar determinada ação; para ele, as imaginações representam um mundo próprio, um mundo de poesia. Ele acredita que o ser humano é, entre outras coisas, uma pessoa da imaginação e que, por meio dela, não nos tornamos necessariamente mais eficientes na ação cotidiana, mas mais poéticos. Essa perspectiva me parece essencial, pois aponta para o fato de que, na imaginação, nós nos deparamos com um "lado nosso muito diferente", que, mesmo assim, pode ser vivenciado no dia a dia.

Sobre a imaginação criativa, Henri Corbin (1958, p. 118) afirma que ela é a intermediária entre o visível e o invisível, entre o mundo físico e o mundo espiritual; por isso, a imaginação permite também amar o ser divino no ser humano, no qual aquele se expressa.

2.2 A imaginação na psicoterapia de C.G. Jung

No capítulo "Confronto com o inconsciente" de sua autobiografia *Memórias, sonhos, reflexões*, C.G. Jung escreveu sobre sua desorientação psíquica, seu transtorno interior, após a ruptura com Freud e em face das tensões generalizadas anteriores à Primeira Guerra Mundial. Henri F. Ellenberger (1973, p. 900) descreveu essa fase crítica na vida de Jung como "doença criativa". Jung foi confrontado com seu inconsciente e entendeu esse confronto como um experimento científico cujo pano de fundo fora muito sério. Em tal confronto, ele se expôs ao inconsciente e, a partir disso, desenvolveu o fundamento para as técnicas psicoterapêuticas que usamos ainda hoje: encontrar, entender e moldar as imagens que se escondem "por trás" das emoções e que permitem entendê-las, ou seja, as técnicas da imaginação e de sua figuração. "Na medida em que conseguia traduzir as emoções em imagens, isto é, ao encontrar as imagens que se ocultavam nas emoções, eu readquiria a paz interior. Se tivesse permanecido no plano da emoção, eu possivelmente teria sido dilacerado pelos conteúdos do inconsciente" (Jung, 2011, p. 198).

É impressionante o cuidado com que Jung registrou imaginações, fantasias, invocações e alguns sonhos em *Os Livros Negros*, sete cadernos de capa preta, e então os transferiu para *O Livro Vermelho*, caligráfico e ao modo de um manuscrito medieval. Impressionam também as imagens que ele produziu com grande dedicação, às vezes anos após tê-las imaginado. A pintura também é uma forma de imaginação. Hoje, *O Livro Vermelho* pode ser adquirido como fac-símile (Jung, 2009). Na elaboração cuidadosa das imaginações, evidencia-se o apreço que Jung nutria por esse processo. Ele levava suas experiências muito a sério, mas as usava também para banir uma pressão emocional e regular emoções difíceis.

A ocupação e a elaboração das imaginações ao longo de muitos anos, a tentativa de reinterpretá-las incansavelmente e sua figuração artística manifestam também um grande fascínio e a vontade de entender algo de difícil compreensão. Para Jung, "traduzir" emoções, afetos fortes, sentimentos e humores em imaginação, torná-los acessíveis nela, permitiu que ele entendesse de forma fundamental os processos curativos por meio da imaginação: ela possibilita regular as emoções de tal modo que estas deixem de se expressar somaticamente e passem a fazê-lo mediante imagens, que podem ser contempladas, processadas imaginativamente, moldadas, refletidas e entendidas.

Evidentemente, não foi Jung quem inventou a técnica da imaginação. Imaginações em que podemos nos concentrar, travar diálogos conosco mesmos, existem desde que há seres humanos. A força de imaginação faz parte do ser humano e, desde sempre, tem sido aplicada e descrita. Sócrates conversava com seu daimôn/*daemon*; os místicos escreveram textos que hoje chamaríamos de imaginações e nos quais eles descrevem o modo pelo qual contemplam Deus ou a própria alma e como travam diálogos internos com esta. No século XX, deu-se muita atenção ao fluxo interno de imagens descrito pelo poeta alemão Goethe; foram desenvolvidas técnicas para "aproveitar" esse fluxo, e Jung fez o mesmo, a seu modo.

Para lidar com sua crise, Jung utilizou todas essas formas da fantasia, da força de imaginação, que o ser humano utiliza desde sempre, e, ao fazê-lo, descobriu que a imaginação tem um efeito terapêutico. Uma das diversas formas da imaginação é a imaginação ativa, que, mais tarde, ele entende como a forma mais importante do confronto entre consciente e inconsciente. A imaginação ativa, o método de imaginação que Jung veio a sugerir para a psicoterapia, ocorre quando uma pessoa traz à vida imagens interiores, fazendo com que figuras internas se expressem, ou seja, acontece quando uma camada profunda da psique é ativada e tal pessoa, com um eu muito desperto, se confronta com essas imagens, essas vozes. Jung afirma que esse é um método em que o imaginador analisa o inconsciente e no qual se oferece uma oportunidade para que o inconsciente analise o complexo do ego (Jung, 2012, p. 76). Esse diálogo entre o ego e o inconsciente é a precondição para o processo psíquico de individuação, durante o qual o ser humano se torna aquilo que de fato é.

No entanto, Jung não usa a expressão "imaginação ativa" em *O Livro Vermelho*. A teoria da imaginação ativa é descrita pela primeira vez no artigo "A função transcendente", de 1916, mas ainda sem recorrer literalmente a tal expressão. Esse artigo só foi publicado em 1958 (OC 8, §§ 131-193).

No entanto, *O Livro Vermelho* não trata apenas da imaginação ativa: existem nele invocações poéticas, paráfrases etc. Jung recorre a todos os acessos possíveis ao inconsciente. Por isso, sugiro que valorizemos e exerçamos todas as formas de imaginação. Seria tolo da nossa parte menosprezar as muitas possibilidades da imaginação em prol da imaginação ativa, que, então, seria compreendida como disciplina suprema. Cada forma de imaginação pode revelar imagens de grande importância emocional e cognitiva para a pessoa imaginadora, pode viabilizar percepções importantes e um contato melhor consigo mesma. Podemos fazer uma distinção entre as fantasias que nos acompanham, as quais simplesmente ocorrem, e a imaginação ativa, em que nos confrontamos conscientemente com essas fantasias e as percebemos também em sua emocionalidade. Neste livro, chamarei essa forma de "imaginação". Assim, a imaginação ativa pode ser compreendida como uma forma de imaginação com esses diálogos internos especiais. Os limites entre as diferentes formas de imaginação são, porém, permeáveis.

Sobre suas experiências com as imaginações, Jung afirma: "Todos os meus trabalhos, tudo o que criei no plano do espírito, provêm das fantasias e dos sonhos iniciais. Isso começou em 1912, há cerca de cinquenta anos. Tudo o que fiz posteriormente em minha vida está contido nessas fantasias preliminares, ainda que sob a forma de emoções ou de imagens" (2011, p. 215). Em outro lugar, ele descreve essas experiências como "a matéria original de meu trabalho científico" (p. 222).

A elevada consideração e o lugar científico que Jung atribui à imaginação são consequências dessas experiências, como vemos na seguinte citação:

> A imaginação é a atividade reprodutora ou criativa do espírito em geral, sem ser uma faculdade especial [...]. Para mim, a fantasia como atividade imaginativa é mera expressão direta da atividade psíquica, da energia psíquica que só é dada à consciência sob a forma de imagens ou conteúdos [...] (OC 6, § 810).

Portanto, a imaginação é compreendida como atividade reprodutiva ou criativa, como lembrança ou como fundamento para algo novo, talvez até para algo que nunca tenha existido nessa forma, mas que também se fundamente na lembrança, embora seja orquestrado de modo inédito.

Numa carta de 1929, Jung escreve:

> Estou realmente convencido de que a capacidade criativa da imaginação é o único fenômeno psíquico primitivo ao nosso alcance, a essência realmente psíquica, a única realidade imediata [...] (2012, p. 86).

Para Jung, a imaginação criativa é de importância central. Ao ser criativo, o ser humano cria também a si mesmo (Jung, 1988, p. 653). Jung acredita que o ego humano não consegue viver sem criatividade, pois precisa provar sua existência inventando algo próprio, incomum, talvez até perigoso (Jung, 1988, p. 937). Ele vê os impulsos criativos, que também são imaginativos, como possibilidades de moldar a personalidade. No processo de individuação, é preciso conscientizar-se dos impulsos criativos, os quais provêm essencialmente de imaginações, sonhos, ideias.

O processo de individuação é o conceito central da psicoterapia junguiana (Kast, 2007, p. 39ss.). Em seu comentário ao texto *O segredo da flor de ouro*, com Richard Wilhelm, Jung escreve em 1928:

> Mas eu já aprendera, nesse ínterim, que os maiores e mais importantes problemas da vida são, no fundo, insolúveis; e deve ser assim, uma vez que exprimem a polaridade necessária e imanente a todo sistema autorregulador. Embora nunca possam ser resolvidos, é possível superá-los mediante uma ampliação da personalidade (OC 13, § 18).

Então ele acrescenta que, nas pessoas que realmente superam suas dificuldades, constatava algo novo aproximar-se delas, oriundo de dentro ou de fora, e elas o aceitavam e cresciam com isso. O novo não correspondia às expectativas, mas, ainda assim, constituía "uma expressão apropriada da personalidade total e uma expressão que jamais se poderia imaginar de uma forma tão completa" (OC 13, § 19).

Mas de que maneira esse novo pode ser percebido e absorvido? "Devemos deixar as coisas acontecerem psiquicamente" (OC 13, § 20). Em seguida, Jung fala de fragmentos da fantasia com os quais é preciso se envolver. Isso parece um tanto inofensivo. Logo depois, ele se corrige: trata-se de "se tomar como a mais séria das tarefas" (OC 13, § 24).

Perceber as fantasias resulta num processo centrador na psique. O inconsciente, portanto, oferece ao ser humano um impulso de desenvolvimento que precisa ser aceito. Por meio desse impulso de desenvolvimento criativo, revelado em sonhos, sobretudo os seriados, e em imaginações (Kast, 2009b, p. 143ss.), a singularidade de uma pessoa se torna cada vez mais evidente, sua personalidade se torna cada vez mais visível – pelo que a pessoa mesma precisa tornar-se visível. Conteúdos inconscientes são, segundo Jung, possibilidades, mas eles ainda não existem. Eles se tornam realidade quando aparecem na matéria, quando são moldados. Os pensamentos e as ideias precisam ser incorporados, e isso acontece quando os expressamos, pintamos e mostramos a outras pessoas (Jung, 1988, p. 194).

O objetivo do processo de individuação é, ao longo da vida, tornarmo-nos cada vez mais quem realmente somos, cada vez mais verdadeiros, cada vez mais nós mesmos, cada vez mais em harmonia conosco, conectados com as outras pessoas e o mundo em que vivemos. Quando isso ocorre, afirma Jung, somos saudáveis e vivenciamos a vida como algo dotado de sentido.

2.3 As imaginações unem o mundo exterior e o mundo interior

As imaginações não emergem simplesmente das profundezas de nossa psique; antes, estão vinculadas ao dia a dia, aos nossos interesses vitais. Tudo o que já vivenciamos, vimos e criamos, tudo o que os seres humanos já vivenciaram e criaram pode ocorrer na imaginação e, semelhante ao que ocorre nos sonhos, pode conectar-se de maneiras novas e surpreendentes. No símbolo, o mundo interior e o mundo exterior frequentemente se unem para formar um misterioso terceiro.

Nesse contexto, no Seminário de 1925, Jung diz sobre sua imaginação de Elias e Salomé, uma imaginação mais longa, documentada em *O Livro Vermelho*, e que foi de grande importância emocional para ele:

> Li muita mitologia antes de me aparecer esta fantasia e toda esta leitura entrou na condensação destas figuras. O velho é uma figura bem típica. Encontramo-lo em toda parte; ele aparece sob todo tipo de formas e geralmente em companhia de uma jovem (Jung, 1995, p. 124).

O estilo das imaginações também é influenciado pelo mundo externo. Cito aqui uma anotação de Jung, de novembro de 1914, quando ele releu o *Zaratustra*, de Nietzsche: "[...] de repente, o espírito se apoderou de mim e me carregou para um país deserto no qual li Zaratustra" (2011, p. 204). A estrutura e o estilo das imaginações em *O Livro Vermelho* são fortemente influenciados por essa obra nietzschiana. As imaginações também nos mostram quanto somos influenciados por nossa cultura, como os produtos culturais são capazes de nos ajudar a lidar com os nossos conflitos e como eles são o fundamento para as nossas atividades criativas, estimulando-nos e animando-nos.

2.4 Imaginação como terapia

As imaginações ocorrem em todas as vertentes terapêuticas, sendo utilizadas de maneira mais ou menos consciente. Cada forma de terapia que se ocupa de lembranças e expectativas, temores e esperanças, trabalha necessariamente com as capacidades imaginativas do ser humano.

As terapias que dão importância à vivência e à interpretação de sonhos lidam com a imaginação, como também as terapias comportamentais que acreditam nas possibilidades transformadoras da força imaginativa. O livro *The power of human imagination* (Singer & Pope, 1986), oferece uma visão abrangente dos diversos métodos imaginativos.

Podemos fazer uma distinção entre formas de terapia que trabalham quase que exclusivamente com imaginações – por exemplo, as de Desoille (1945) e Leuner (1985) – e formas de terapia que também recorrem a métodos imaginativos – a exemplo da traumaterapia de Luise Reddemann (2011).

Neste livro, tratarei das possibilidades dos métodos imaginativos no âmbito da terapia. Pretendo apontar um caminho para desenvolver essas habilidades imaginativas, relatar como as imaginações são usadas na terapia segundo C.G. Jung, e mostrar como chegar à chamada "imaginação ativa".

Quando trabalhamos com habilidades imaginativas na terapia, expressamos, assim, que é possível nos valer de imagens para trabalhar em nossa autoimagem e naquela que fazemos do mundo; estamos cientes de que ambas podem nos ajudar ou obstruir em nossa tentativa de lidar com a vida. Ademais, mostramos com isso que a maneira como lidamos com as emoções, as quais também são representadas em imagens, é essencial, ou seja, é importante que as emoções realmente sejam vivenciadas, pois, de um lado, isso libera energias para agir e, de outro, permite que a relação conosco mesmos seja experienciada. O fazer psicoterapêutico com e por meio de imagens remonta ao trabalho com representações oníricas, ou seja, a Freud, Jung e outros. Como em todas as outras imagens, as imagens oníricas afirmam algo sobre nós e podem efetuar mudanças nas vivências intrapessoal e de mundo. Essas imagens permitem que aspectos diagnósticos e terapêuticos sejam reconhecidos, haja vista que tais aspectos são próprios a todas elas.

Todas as imagens que concebemos e somos capazes de descrever, as cenas que podemos contar, pintar e representar, dizem algo acerca de nós mesmos, de nosso estado, pois, em cada situação, dispomos apenas de determinadas imagens, sejam originadas da lembrança, sejam originadas de desejos. Elas afirmam algo sobre nossa condição atual.

Nesse sentido, todo diagnóstico baseado em imagens é processual: indica em que ponto de seu processo uma pessoa se encontra, que problemas enfrenta, que possibilidades da vida estão representadas nessas imagens, para quais anseios aponta certa linha de desenvolvimento. Quando acompanhamos uma pessoa durante muito tempo, percebemos que algumas imagens não se referem apenas a uma situação específica, mas sempre voltam a aparecer.

Isso se constata facilmente em nós mesmos: entre todas as imagens possíveis em sonhos e fantasias, pode-se identificar algumas que se revelam fundamentais em todas as suas variações. As nossas imagens sempre representam o entendimento que temos a nosso próprio respeito e também a respeito do mundo, o entendimento de nossas possibilidades relacionais. No entender a si mesmo, sempre há um aspecto terapêutico.

Os efeitos terapêuticos da aplicação de imaginações no sentido mais restrito se evidenciam no fato de que, por meio do trabalho com as imagens, o analisando consegue acessar perspectivas adicionais de vivência e ação, as quais, em suas diversas possibilidades, substituem as "ideias fixas". Isso é causado pela concentração em imagens individuais, o que faz as imagens se transformarem espontaneamente ou por meio da intervenção de um terapeuta no processo imaginativo. Nesse processo, a pessoa consegue se aproximar das emoções, que, uma vez percebidas corretamente, promovem energia para a ação. Além disso, esse processo permite um distanciamento das imagens muito negativas acerca de si, enquanto imagens relacionadas a anseio podem desvelar aspectos essenciais da personalidade que, até então, não haviam sido integrados no dia a dia.

A autopercepção se transforma; a pessoa percebe que a vida pode ser moldada de forma criativa, que a potência para tal está dentro de si, inclusive em situações difíceis; assim, ela obtém acesso a forças de autocura.

Todos que lidam com imaginações sabem que elas operam algo. O trabalho com imaginações foi analisado cientificamente pela junguiana Isabelle Meier (2005), que conseguiu comprovar que as imaginações melhoram padrões relacionais e são capazes de gerar mais emoções positivas, ou seja, há ativação de recursos.

Evidentemente, a ocupação com capacidades imaginativas pode resultar numa postura criativa e até poética em relação à vida. Uma característica típica das imaginações é a emoção da esperança, pois, muitas vezes, elas se orientam pelo futuro e pela transposição dos limites do tempo e do espaço. A sensação de que uma situação pode mudar, de que o futuro sempre é aberto, também é sugerida por meio da imaginação quando ela só representa nossos desejos.

Ter esperança não é simplesmente construir um castelo nas nuvens; significa confiar que a vida nos sustenta, que a totalidade da vida e a intenção pessoal podem ser vinculadas uma à outra e inseridas num mesmo contexto futuro. Na emoção da esperança, vivenciamos uma segurança fundamental (Kast, 1987b, p. 35ss.). E essa experiência da esperança, que é muito eficaz do ponto de vista terapêutico, não pode ser vivenciada quando as imagens permanecem distantes das emoções e do ego e se aproximam daquilo que chamamos de "castelos nas nuvens". A tarefa do trabalho terapêutico com a capacidade imaginativa é aproximar essas imagens do ego. Quanto maior a intensidade com que nos ocupamos com as nossas imagens, mais significativas elas se tornam para nós e maior a probabilidade de fazermos experiências que possam ser comparadas às de um místico.

Visto que as imaginações contêm em si a tendência de transpor limites, de ampliá-los e estabelecer para eles novos contornos, existe também a tendência de acreditar que sua eficácia e seu campo de aplicação sejam "ilimitados". No entanto, é preciso reconhecer algumas limitações: existem pessoas que conseguem facilmente entrar em contato com suas capacidades imaginativas e com seu inconsciente; mas, para outras, o método da pintura ou do psicodrama é mais adequado. Tais métodos se mostram mais eficazes quando conseguimos nos concentrar intensamente nessas imagens interiores, ou seja, quando as observamos minuciosamente e mergulhamos nelas. Mas o inverso é de igual modo válido: quando conseguimos observar minuciosamente essas imagens e mergulhar completamente nelas, pouco a pouco nos vemos aptos a nos concentrar no dia a dia.

3
O método da imaginação

3.1 A concentração nas imagens

> [...] concentra-se a atenção em uma imagem onírica que causa impacto, mas é ininteligível, ou em uma impressão visual, observando-se as mudanças que ocorrem na imagem. Evidentemente, devemos suspender todo senso crítico, e o que ocorre deve ser observado e anotado com absoluta objetividade. [...] Nessas condições, aparece frequentemente uma série dramática de fantasias. A vantagem deste método é trazer à luz uma grande quantidade de conteúdos inconscientes. Para a mesma finalidade, podemos utilizar desenhos, pinturas e modelagens. Séries visuais, ao tornar-se dramáticas, passam facilmente à esfera auditiva ou da linguagem, o que determina diálogos ou algo parecido (OC 9/1, §§ 319-320).

Essa instrução metódica de C.G. Jung é fundamental para todos os tipos de imaginação, iniciando-se por meio de uma imagem que chama nossa atenção ou por meio de uma emoção dominante. Tratarei primeiro das imagens.

Por intermédio da concentração na imagem e da suspensão da percepção do mundo exterior torna-se possível perceber as mudanças nas imagens internas, no fluxo em que elas se apresentam. Alcançamos essa atenção interna mais facilmente quando conseguimos suspender a nossa crítica. Uma postura curiosa, que simplesmente absorve e aceita, é a que menos perturba a sequência de imagens. A crítica, ou melhor, a reflexão pode ser deixada para depois. Podemos permitir que as dúvidas em relação àquilo que está acontecendo simplesmente acompanhem as imagens como algo que também faz parte de nós, mas que não nos atrapalha na vivência ou na contemplação desse fluxo imagético interno.

Como pessoas que imaginam, podemos estar integrados na cena sem nos conscientizarmos disso: o eu que imagina está envolvido nos acontecimentos; assim, a imaginação é vivenciada mais facilmente. Podemos, porém, imaginar também de forma tal que nos permita observar as cenas como se compusessem um filme. Nesse caso, nós nos vivenciamos mais como observadores, e apenas quando narramos as cenas é que as experimentamos emocionalmente de maneira cada vez mais nítida. Onde o imaginador se vê na imagem? Essa pergunta nos mostra como ele imagina. É possível também que ambas as variantes sejam aplicadas na mesma sequência imaginativa. Quando ocorre medo ou angústia, uma técnica frequentemente aplicada de modo inconsciente consiste em observar a cena "de fora".

O fluxo interno das imagens há que ser não somente percebido; ele precisa ser registrado de algum modo. As imagens internas são muito transitórias e facilmente se esquivam da nossa consciência. Nós lhes conferimos uma forma quando tentamos descrever, por meio de palavras ou desenhos, aquilo que vimos.

Jung não se cansa de repetir que essas imagens precisam ser observadas com "objetividade absoluta". Não devemos supor que Jung, que tanto sabe das influências do inconsciente que nos impedem de ser "objetivos", acredite em uma "objetividade absoluta". Parece-me que sua intenção é afirmar que essas sequências internas de fantasias, o fluxo de imagens como tal, precisam ser observadas com atenção – se possível, sem as distorções críticas da consciência – e que devemos aceitar as fantasias como "o outro" em nós e, num primeiro momento, como algo real. O registro das imagens permite também que nos ocupemos delas, que reflitamos sobre o que significam.

Jung fornece outra descrição de como a imaginação pode ocorrer: em *O Livro Vermelho*, ele relata o que aconteceu ao encerrar uma imaginação:

> Sem saber o que viria depois, pensei que talvez fosse necessária mais introspecção [...] bolei um método muito chato fantasiando que cavava um buraco, e aceitando essa fantasia como perfeitamente real (Jung, 2009, p. 75).

E ele tem êxito: "Quando saí da fantasia, dei-me conta de que meu mecanismo havia funcionado às mil maravilhas" (Jung, 2009, p. 76). A distância, ele vê uma luz vermelha em uma caverna, vê água e vê o corpo de um homem louro.

O que me importa aqui não é o conteúdo da imaginação, mas o modo da imaginação, na verdade uma visão, em que Jung vê, mas se esquece de que está fantasiando. Por meio da imaginação da técnica de escavação, Jung parece ter escavado um buraco que o deixou num estado de "transe". E, a título de precondição adicional para a imaginação, ele diz que é preciso aceitar a fantasia como totalmente real e confiar que ocorrerá um processo. Para nós hoje, isso já é bastante natural, a não ser que nosso medo nos paralise. Eis a conclusão de Jung:

> Quando saí da fantasia, dei-me conta de que meu mecanismo havia funcionado às mil maravilhas, mas eu estava muito confuso quanto ao sentido de todas essas coisas que tinha visto (Jung, 2009, p. 76).

A tentativa de C.G. Jung de encontrar o significado dos respectivos processos de imaginação se estendeu por anos.

3.2 Os canais da imaginação

Mesmo que, no contexto da imaginação, falemos de imagens, o mundo da imaginação não se limita a elas: todos os sentidos da percepção podem se manifestar também na imaginação. Nas imaginações, podemos usar nossa visão, nosso olfato, nosso paladar, nossa audição, bem como tocar e sentir nosso corpo em seus movimentos. Quanto mais canais de percepção estiverem disponíveis a uma imaginação ativa, mais viva ela será. Se você deseja se exercitar na imaginação, sugiro que saia para a natureza e a perceba com todos os seus sentidos.

3.3 Deixar as imagens fluírem: relaxamento

Em geral, o relaxamento aumenta a intensidade das reações afetivas. Nesse estado, as imaginações são vivenciadas de modo mais vivaz e emocional e têm maior relação com o imaginador; ou seja, tornam-se mais egossintônicas, mais próximas do ego, alterando com maior intensidade o estado de humor (cf. Van Egeren, Feather, & Hein, 1971, pp. 213-228). A vivência das imagens interiores, por sua vez, favorece o relaxamento, pelo que elas se tornam ainda mais vivazes, resultando em um processo cíclico (cf. Leuner, 1980).

Quando as imaginações se dão no contexto de situações terapêuticas, há certo relaxamento já no fato de o imaginador se encontrar em situação analítica que lhe é familiar. Mesmo assim, acredito que métodos de relaxamento podem ser úteis também nesse caso.

Para proceder às imaginações, o imaginador pode estar sentado ou deitado. Sentar-se parece-me uma postura favorável, pois expressa um segurar-se que é importante principalmente para a imaginação ativa.

As técnicas imaginativas exigem duas coisas. Por um lado, deve haver o permitir psíquico, ou seja, consentir que as imagens fluam; por outro, essas imagens precisam ser percebidas e formuladas, imediata ou posteriormente, e fixadas de alguma forma, por exemplo, através de uma pintura. De maneira nenhuma devemos apenas nos entregar passivamente ao nosso mundo de imagens e permitir que ele nos arraste consigo; antes, trata-se também de o estruturarmos. É justamente essa postura dupla em relação às imagens que, a meu ver, pode ser alcançada com maior êxito quando o paciente está sentado.

O paciente então fecha os olhos ou fixa o olhar num ponto para que realmente consiga se concentrar em suas imaginações internas. Normalmente, inicio os exercícios de relaxamento pedindo ao imaginador que coloque os pés no chão e sinta-os – pés e chão. Isso lhe fornece uma sensação adicional de apoio, de fundamentação no corpo. Em seguida, eu o instruo a soltar os ombros e a expirar com um profundo suspiro. A respiração-suspiro faz com que a pessoa consiga sentir seu centro sem que eu precise chamar sua atenção para isso; ao mesmo tempo, ocorre um primeiro relaxamento. Depois, chamo sua atenção para o fato de que, ao expirar, ela também pode soltar suas tensões; em alguns casos, cito cada parte do corpo, que deve ser imaginada e, na expiração, relaxada, conduzindo-se a tensão pelos pés até o chão. Depois que a pessoa percebe e relaxa o corpo inteiro dessa forma, peço que perceba seu corpo como um todo, soltando as tensões ainda presentes ou aceitando-as como parte de si naquela situação. O contato com o ritmo respiratório, ou a percepção da respiração, resulta em concentração, e a pessoa se sente "consigo mesma". Assim, peço que ela se prepare para ver e sentir o fluxo de suas imagens internas.

Existem muitos tipos de relaxamento[2]: uma forma simples consiste em pedir ao imaginador que tensione

---

2. Por exemplo, o treinamento de relaxamento sensorial proposto por Bernard Weitzmann, Marvin Goldfried e Gerald Davison: "A maioria das técnicas de imaginação é eficaz se você primeiro atingir um estado de relaxamento muscular geral. Duas técnicas de relaxamento são ilustradas aqui: a) alternação entre tensão e relaxamento e b) treinamento de relaxamento sensorial. Experimente as duas técnicas para verificar qual você prefere. Peça a alguém que tenha voz agradável que grave essas instruções ou faça sua própria gravação. Talvez você e um bom amigo

uma parte do corpo, com a maior intensidade possível, então relaxe-a, repetindo esse procedimento para cada parte do corpo. Uma pessoa que pratica o treinamento

---

possam se revezar na leitura das instruções um para o outro. Depois de entendê-las, você deve fazer os exercícios de memória. Não é necessário seguir uma sequência exata. Alterne entre tensão/relaxamento e treinamento de relaxamento sensorial. Sente-se ou deite-se de modo confortável. Inspire e expire profundamente algumas vezes e permita que seu corpo fique relaxado e agradavelmente pesado. Agora, procure tensionar todos os músculos de seu corpo. Tensione todos os músculos... Agora, solte a tensão. Permita que toda ela saia de seu corpo. Observe a sensação de alívio... Agora, vamos repetir. Tensione todos os músculos... Mantenha a tensão... Relaxe, solte a tensão e fique confortável. Aproveite a sensação de alívio... Inspire profundamente e segure a respiração... Expire, deixe todo o ar sair e sinta a tensão ser liberada do corpo... Continue a inspirar e expirar normalmente. A cada vez que expirar, sinta a tensão sair de seu corpo... Relaxe o corpo, mas tensione a mandíbula e feche os olhos com força. Sua mandíbula está tensa, seus olhos estão bem fechados... Mantenha o restante do corpo relaxado, mas concentre-se na sensação de tensão na mandíbula, nos olhos e no rosto... Agora, relaxe a mandíbula e solte as pálpebras. Deixe que a mandíbula, os olhos e o rosto fiquem tão relaxados quanto o restante do corpo... Saboreie a diferença em relação à sensação anterior... Agora, coloque a cabeça para trás até sentir o pescoço tensionado... Encolha os ombros, eleve-os. Seu pescoço, ombros e nuca devem estar tensos agora. O restante do corpo permanece relaxado. Observe a diferença entre a tensão no pescoço e a sensação de relaxamento no restante do corpo... É isso. Agora, relaxe os ombros, deixe-os cair suavemente; coloque a cabeça de volta em uma posição confortável. Aprecie a sensação e tente relaxar ainda mais, mantendo o restante do corpo relaxado. Agora, tensione os punhos e também o estômago... Procure sentir a tensão nas mãos, no braço e no estômago... Concentre-se nessa tensão... Deixe-a ir embora agora. Fique confortável e deixe a tensão desaparecer... Finalmente, tensione as nádegas e as coxas e aponte os dedos dos pés para baixo, de modo a sentir a tensão nos quadris, nádegas, coxas e panturrilhas... O restante do corpo permanece relaxado. Tudo acima dos quadris está relaxado; você só sente a tensão nos quadris e abaixo deles... Agora, solte a tensão, relaxe, fique confortável e permita que a sensação de tranquilidade se desenvolva e se espalhe. Relaxe todo o seu corpo. Ao inspirar, pense calmamente na expressão 'para dentro' e, ao expirar, pense calmamente na expressão 'para fora'. Continue a relaxar dessa forma pelo tempo que desejar, inspirando e expirando suave e levemente" (citado em Lazarus, 1980, p. 141s.).

autógeno conseguirá relaxar facilmente fazendo com que todo seu corpo fique "quente e pesado".

O terapeuta precisa se sentir à vontade com o método de relaxamento e precisa estar adaptado ao imaginador. Parece-me que, mais importante do que a pergunta quanto à forma de relaxamento, é a pergunta quanto à sua duração. Os terapeutas comportamentais Cautela e McCullough (1986, p. 291ss.) dizem que gastam cerca de 15 minutos para tensionar e relaxar os grupos principais de músculos antes de se concentrar em uma imagem interior. Os clientes devem treinar o relaxamento em casa. Leuner escreve que ao terapeuta cabe fazer uma "breve solicitação de relaxamento" (1980, p. 75).

As opiniões referentes à intensidade do relaxamento para que a pessoa acesse suas imaginações divergem muito e dependem do próprio imaginador. O propósito do relaxamento é diminuir o estado de atenção excessiva para permitir uma percepção do hemisfério direito do cérebro e ativar o raciocínio figurativo holístico. É possível, ainda, que o relaxamento transmita à pessoa a sensação de segurança em seu corpo, levando-a a vivenciar as primeiras imagens relacionadas a essa segurança, e assim conseguir se abrir melhor para as imagens interiores.

Quando faço uma imaginação com alguém, busco determinar a duração do relaxamento a partir da minha intuição para aquela situação. Essa duração pode ser modificada quando constato que um tempo de relaxamento mais curto ou mais longo pode ser mais agradável.

Nos trabalhos com grupos, estendo o relaxamento até conseguir observá-lo e senti-lo nitidamente. Além disso, nesse caso, há que se considerar o tempo disponível, pois, quando o grupo alcança um estado profundo de relaxamento, os processos imaginativos costumam ser mais vívidos, mais coloridos, mais extensos, mais emocionais. A precondição é que os imaginadores se sintam seguros e apoiados.

3.4 Como lidar com as imaginações

Dado que o fluxo de imagens interiores é vivenciado de modo figurativo, muitas pessoas têm dificuldade para expressá-las verbalmente. Com atenção especial voltada ao teor emocional, o ato de narrar a imaginação confere a esta uma dimensão de realidade adicional. A articulação daquilo que foi vivenciado atribui significado próprio à imaginação e desdobra sua eficácia emocional, provavelmente por ser compartilhada com outra pessoa. Em sua narrativa, o imaginador acrescenta detalhes e esclarece as cenas, as quais são classificadas emocionalmente de maneira mais clara. Se você não tiver ninguém com quem possa compartilhar sua imaginação, vale a pena registrá-la com o maior detalhamento possível e com as palavras que você usaria para contá-la a alguém.

Pintar as imaginações tem um efeito diferente, mas igualmente significativo. Ao pintar uma imaginação, não a representamos por completo, como algo composto de várias imagens e cenas, mas destacamos algum aspecto: escolhemos uma cena que mereça ou exija ser representada. Quando pintada, a imaginação também se desenvolve, e isso mostra o que se considera importante nesse momento; ademais, fornece dicas extras para sua interpretação. Na terapia de pintura desenvolvida por Ingrid Riedel e Christa Henzler (2003; 2008), existem muitos exemplos dessa conexão entre imaginação e pintura, tanto na terapia individual como na terapia em grupos.

É de importância extraordinária que as imaginações sejam registradas; no entanto, é difícil fazê-lo adequadamente. Parece-me importante não traduzir de modo apressado a impressão figurativa correspondente a uma expressão verbal. Se abandonarmos o figurativo cedo demais, se refletirmos com pressa sobre o ocorrido, correremos o risco de negligenciar a emoção vinculada a esses processos imaginativos, o que impedirá a transformação da vivência própria e uma possível mudança comportamental. Sobretudo em relação à imaginação ativa, em que o diálogo exerce papel importante, é imprescindível que o aspecto figurativo não se perca, mas seja preservado em toda a sua amplitude.

3.5 Indicação e contraindicação

Visto que a imaginação é uma capacidade humana fundamental para processar informações, bem como uma possibilidade de perceber e regular emoções, ela me parece uma técnica que sempre deve ser considerada em todo esforço terapêutico que pretenda tornar o indivíduo mais autêntico, mais autônomo e mais vívido, conectá-lo com seus sentimentos, com seu inconsciente e com as pessoas com quem convive, bem como ensiná-lo a lidar de forma mais criativa e empática consigo mesmo e com o mundo.

Essa técnica me parece especialmente indicada quando a intenção é aproximar o imaginador de suas emoções, quando existe a necessidade de que ele contemple suas questões atuais também no nível simbólico e, sobretudo, quando predomina o vazio ou sentimentos negativos, os quais, por sua vez, provocam pensamentos negativos que potencializam a negatividade dos sentimentos.

A imaginação se presta também ao processamento de sonhos e de situações emocionalmente difíceis, bem como de pesadelos (Kast, 2009b, p. 152ss.).

Essa técnica não é indicada para quem, a despeito de muitos exercícios e tentativas, não consegue ver imagens ou as vivencia como difusas, pessoas que não se sentem vivificadas por meio da imaginação. Também não é indicada para pessoas que conseguem produzir com facilidade sequências de fantasias floridas, muitas vezes também pomposas, mas que não as afetam emocionalmente. É claro que, mediante intervenções terapêuticas, podemos tentar produzir maior proximidade emocional com as imaginações; mas, quando isso não é possível, essa técnica promete poucas mudanças.

O método tampouco é indicado no caso de psicoses graves e de transtornos compulsivos. Leuner (1980, p. 50s.) ainda considera o método inapropriado no caso de depressões severas. No entanto, as pesquisas de Schultz sugerem que isso não se confirma na terapia com pacientes depressivos submetidos a internação psiquiátrica (1986, pp. 353-384).

Acredito que os riscos da imaginação foram exagerados durante muito tempo (cf. Sellberg, 1980, p. 251). Temiam-se episódios de psicose reativa, mas estes são raros. A torrente imagética pode ser interrompida por meio de uma mudança na postura do corpo, bem como mediante a percepção do mundo externo, a descrição das imagens e seu registro minucioso.

Quem pretende trabalhar com imaginações na terapia, deve, no início do tratamento, ao anunciar o método utilizado, conversar com o paciente sobre a possibilidade de usar a imaginação. Na psicoterapia psicodinâmica (Rudolf, 2010, p. 14s.), segundo C.G. Jung, costumamos nos concentrar na relação terapêutica e nas interações pessoais para identificar e processar padrões repetitivos (complexos), regular sentimentos, confrontar-nos com perguntas sobre sentido – tudo isso, se possível, em um contexto que envolve material inconsciente, sonhos, imaginações e imagens. Muitas vezes, isso acontece de maneira automática, pois os pacientes costumam recorrer a metáforas para descrever seus problemas e sintomas. Um homem de 28 anos fez o seguinte relato: "Eu fico rodeando o problema como o gato rodeia o mingau quente. Mas agora decidi mergulhar nele de cabeça". E essas metáforas estimulam o paciente a vê-las realmente como imagens: o gato, o mingau quente que não esfria, a heroica intenção de pular de cabeça nesse mingau. É claro que ambos sabemos mais ou menos o que ele quer dizer. Quando o paciente leva a sério sua metáfora como uma sequência de imagens, o campo da imaginação já se faz presente na situação terapêutica, e podemos brincar um pouco com tais imagens. Isso já diz respeito à imaginação como técnica. Quando utilizamos recursos imaginativos para trabalhar num sonho, não estamos introduzindo uma técnica nova. Desde o início de uma terapia, os sonhos podem ser processados e desenvolvidos com o apoio desses recursos.

A imaginação ativa na psicoterapia é uma obra em conjunto. Trata-se de imaginações criadas no espaço da terapia e influenciadas tanto pelo processo terapêutico propriamente dito quanto pelas duas pessoas presentes. O terapeuta pode apresentar uma atitude interessada, mas também pode ajudar a criar um espaço de imaginação comum, algo que se faz com muita facilidade com pessoas que falam durante a imaginação. Nesses casos, o terapeuta pode oferecer dicas, que, na maioria das vezes, são internalizadas pelo imaginador.

Por outro lado, há quem faça relatos posteriores à imaginação, nos quais contam o que viram e vivenciaram; comumente, essas pessoas ficam presas em pontos em que o terapeuta poderia ou deveria ter intervindo. Depois de um relaxamento e uma breve discussão sobre o que se pode fazer em tal situação, o imaginador pode retomar essa imagem – e mudá-la.

Quando trabalho com grupos, costumamos contar as imaginações uns aos outros, pintá-las, anotá-las ou encená-las num tipo de teatro psicodramático. É recomendável que os grupos de imaginação sejam pequenos, com um total de seis a oito pessoas (cf. Kast, 1993).

4
A imaginação guiada

Para favorecer que uma pessoa exercite suas habilidades imaginativas e mostrar a ela que essas imagens internas realmente existem – e não é muito difícil percebê-las –, pode ser uma boa ideia promover imaginações guiadas, ou seja, imaginações em que o terapeuta orienta o imaginador. Nelas, os imaginadores não precisam se concentrar nas mudanças espontâneas que ocorrem nas imagens; as mudanças são sugeridas externamente. E eles são informados de que não precisam seguir as instruções caso as imagens se alterem de forma espontânea.

Como ponto de partida para tais imaginações, pode-se tomar as imagens de um sonho. Quando esse tipo de imaginação é praticado em grupo, ou quando não há imagens oníricas disponíveis, pode-se recorrer a símbolos que sejam plásticos e ofereçam significado múltiplo.

4.1 Exemplo: o motivo da casa

Após um rápido relaxamento, o imaginador recebe as seguintes instruções imaginativas:

> Imagine a casa (uma casa) de sua infância. Dê uma volta pela casa e analise tudo com cuidado. Entre num quarto. Você consegue perceber um cheiro específico? Tem alguém nesse local, ou você consegue identificar um objeto que chama sua atenção? Saia do quarto. Dê mais uma olhada na casa e pense nas reformas que gostaria de fazer. Faça as reformas. Agora, desprenda-se das imagens dessa casa e imagine uma casa em que gostaria de morar. Então, imagine uma casa fantástica, que ainda não existe, uma casa utópica – não é necessário que seja possível viver nela... Agora, afaste-se das imagens, abra os olhos, estique o corpo, boceje... Permita que as imagens internas passem mais uma vez diante de seus olhos e, ao fazer isso, perceba os diferentes sentimentos que as acompanham.

Sugiro que o imaginador se desprenda conscientemente das imagens internas e faça qualquer movimento corporal, pois isso impede que tais imagens, que podem ser muito fortes, dominem sua consciência (cf. Beck, 1970, pp. 3-17).

Essa imaginação guiada com o motivo da casa convence o imaginador do fato de que realmente cada pessoa é capaz de produzir uma imagem de algo, mesmo sem a presença de um estímulo externo. E imagens distintas apresentam vivacidade distinta. O exemplo que escolhi mostra as diversas possibilidades imaginativas: no exemplo que remete a uma casa da infância, a imaginação pode ser lembrança, e a instrução para que se observe bem a casa aponta para o fato de que as imagens interiores precisam ser analisadas; essa instrução é repetida quando oriento o imaginador a adentrar um quarto. A escolha do quarto pode ter um significado especial para o imaginador. E, considerando que sempre falamos em imagens, a referência ao cheiro tem relação com o fato de muitas vezes nos esquecermos de que é possível imaginar cheiros, o gosto de uma comida, a sensação de um toque. Igualmente, temos a capacidade de imaginar sons. Quanto maior o número de modalidades que reunimos em uma imaginação, mais viva ela se torna. Essas dicas para uma imaginação guiada ajudam a firmar a importância não só da imaginação visual, mas também das chamadas imaginações "urbanas".

A pergunta por eventual encontro com uma pessoa estimula o imaginador a permitir esse encontro ou talvez até mesmo um confronto em sua imaginação, quiçá com um objeto em que ele não tenha pensado há muito tempo e que esteja vinculado a lembranças, juntamente com todas as sequências de associações, histórias e sentimentos.

A instrução de reformar a casa aponta para uma possibilidade própria à imaginação – algo que aparentemente não pode ser mudado pode ser "reformado". Até seria possível analisar as reformas e verificar se a casa passou a corresponder melhor às necessidades pessoais. Essa instrução ativa a função da abertura, que também é própria à imaginação.

A casa em que gostaríamos de viver apela ao nível do desejo, o qual sempre voltamos a encontrar na imaginação. Considero muito importante esse nível do desejo e de desejar, pois, muitas vezes, não sabemos o que realmente desejamos, estamos apenas insatisfeitos ou desistimos de almejar qualquer coisa da vida, ou seja, resignamos. Para moldar a vida ativamente, precisamos de nossos desejos, que são representados nas imaginações; se eles poderão ser realizados, nem que seja de outra forma, essa já é uma outra questão.

A casa fantástica, utópica, abre a dimensão do surreal na imaginação, mostrando que esta pode se distanciar muito da realidade; também revela quanto o imaginador ousa estender esse distanciamento.

O motivo da casa, esse estímulo concreto incrivelmente denso, serve sobretudo para apresentar e evidenciar as diferentes possibilidades que a imaginação oferece. A casa da infância nos conecta com a nossa história enquanto crianças; a instrução imaginativa de passar da casa da infância para a casa desejada nos motiva a refletir sobre o desenvolvimento de nossa autonomia com a ajuda do espaço em que vive nosso ego.

Essas casas e espaços nos oferecem abrigo, e neles cultivamos nossa relação com o mundo interior e com as pessoas. Tal imaginação nos incentiva a verificar como esses espaços se representam em nossas imagens internas, como podem ser moldados e transformados. Por fim, a casa sempre é um símbolo de nossa personalidade em um sentido muito amplo (cf. Amman, 1987).

Quando oferecemos um motivo para a imaginação, identificamos, de forma figurada, um espaço onde provocamos as imagens da pessoa imaginadora; na imaginação, a pessoa mostra, então, com quais imagens reage a esse motivo. Um motivo sugerido nunca se volta apenas a uma área especial; na maioria das vezes, ele é muito denso simbolicamente.

Existem métodos imaginativos em que se realizam terapias contínuas com imaginações, nas quais os motivos, também em seu conteúdo significativo, são descritos de forma inequívoca (Leuner, 1980; Desoille, 1945). Outros acreditam que as imaginações só devam ser feitas com motivos que provêm do inconsciente do imaginador; não deveríamos, pois, limitar a autonomia do inconsciente; antes, os conteúdos do inconsciente é que deveriam determinar a imaginação sem a influência de motivos predefinidos. Quem trabalha com imaginações em suas terapias, ou seja, quem não faz uma terapia imaginativa no sentido mais restrito, naturalmente usará imagens oníricas ou imagens obtidas pelo terapeuta por meio da contratransferência. Sobretudo no início desse trabalho, porém, pode ser útil utilizar na imaginação um símbolo que tenha significado culturalmente coletivo, ou seja, que dialogue com qualquer pessoa. Quando trabalhamos com a imaginação em grupos, é necessário lidar com motivos desse tipo.

Nas imaginações com motivo predefinido, a proximidade com testes projetivos é evidente. Em alguns testes narrativos, como o TAT e o ORT (Phillipson, 1973; Revers, 1973), o pesquisador apresenta ao paciente imagens de situações muito vagas; então, o paciente se vê obrigado a completar sua percepção com a ajuda de imaginações. A intenção é que ele cogite o que as imagens representam e conte uma história da forma mais dramática possível. Essas imagens também têm caráter incentivador em relação a uma temática específica, descrita minuciosamente pelos autores. Os pacientes, que, por óbvio, não elaboraram o teste, sempre veem cenas próprias nessas imagens. Ao contrário do que ocorre nos testes projetivos, nos quais se apresentam imagens aos pacientes, nas "imaginações com motivos predefinidos", o objetivo é que o imaginador consiga transformá-los facilmente numa imagem interior.

4.2 Exemplo: o motivo da árvore

O motivo da árvore também se oferece para uma imaginação guiada. Depois de uma curta fase de relaxamento, podemos apresentar as seguintes instruções com vistas à imaginação:

> Imagine uma ou várias árvores...
> Em que ambiente a árvore se encontra?
> Como é o clima?
> Observe bem a árvore.
> Descreva a aparência dela.
> Você consegue tocá-la? Que textura ela tem?
> Você consegue sentir seu cheiro?
> Outras pessoas se aproximam dela?
> Onde você está em relação à árvore?

Em primeiro lugar, a árvore é um objeto da natureza, mas também é mais do que isso: é um símbolo que pode representar e expressar aspectos de nossa humanidade. Já o tipo da árvore que vemos e que, de certa forma, escolhemos dentre todas os tipos possíveis, diz muito sobre nós mesmos. Faz diferença se achamos que a árvore que mais combina conosco é um pinheiro-larício ou um carvalho, se escolhemos como “nossa árvore”, como representante de nossa essência, uma ou outra dessas espécies. O devir de um ser humano costuma ser comparado com o crescimento de uma árvore. Nós nos encontramos no mundo como uma árvore: mais ou menos bem enraizados, robustos e, por isso, talvez um pouco inflexíveis; ou flexíveis demais e sem muita resistência durante uma tempestade. Podemos nos desdobrar assim como a árvore desdobra sua copa, podemos ser férteis e recuar para nos regenerar; somos expostos às estações do ano como uma árvore, participamos das mudanças cíclicas da vida. A forma como crescemos, com nossa peculiaridade, nossa postura no mundo – tudo isso pode ser expresso no símbolo de uma árvore (cf. Hark, 1987).

A paisagem em que nossa árvore imaginária se encontra nos diz onde nos encontramos no mundo: sozinhos no topo de uma colina, visíveis para todos, em um ótimo ponto de encontro – ou escondidos atrás de uma casa, talvez com frutos que ninguém deveria ver.

O clima expressa nosso humor emocional vigente. Se percebermos na árvore uma estação do ano que seja incompatível com a que está em vigor, isso nos mostra em que fase da vida nos encontramos. Na imaginação, as árvores nem sempre são fiéis aos fatos concretos; um carvalho, por exemplo, pode produzir maçãs; ou uma macieira pode apresentar flores em um de seus lados e estar desprovida de folhas em outro.

Usualmente, não temos dificuldade para transferir essas imagens para a nossa vida atual; na maioria das vezes, sabemos de modo intuitivo a que eventos na vida elas podem estar vinculadas. Elas podem também gerar nova esperança – por exemplo, uma macieira foi visualizada por uma mulher que, há pouco mais de um ano, perdeu seu marido e acredita que tudo está morto e vazio em sua alma. Mas a imagem lhe sugere que existem também sentimentos primaveris dentro de si.

Esse exemplo revela o que se costuma evidenciar no trabalho imagético: nossas imagens dizem algo sobre nós; elas sempre apontam para nós mesmos e também podem acrescentar algo à nossa autoimagem, algo que não sabíamos; assim, podem mudar nosso humor e nosso nível energético.

A pergunta pela percepção tátil e pelo cheiro pretendem estimular outras modalidades na imaginação, além da visual. A indagação quanto a outras pessoas levanta o tema do encontro.

O símbolo da árvore nos permite incluir nosso próprio ambiente de vida – nenhuma árvore se encontra num vácuo, nenhum ser humano se encontra num vazio. Portanto, esse símbolo possibilita imaginações provenientes de camadas muito profundas. Desde sempre, a árvore é um símbolo do crescimento da humanidade como um todo; a árvore do mundo, o freixo Yggdrasil, representa a humanidade em sua inteireza. Portanto, esse motivo também dá abertura a imaginações que vão muito além da autoimagem pessoal.

É preciso lembrar que a maioria dos motivos, sobretudo os que têm certa densidade simbólica, sempre apresentam um aspecto arquetípico; ou seja, tocam nossa alma em um ponto que se constitui tema humano universal.

4.3 O efeito da imaginação guiada

A imaginação guiada é ótima para ensinar a técnica imaginativa a quem não tem familiaridade com imaginações espontâneas. É claro que minhas dicas para o treinamento das faculdades imaginativas se referem justamente a essas pessoas que não conseguem imaginar de forma espontânea, mas têm o desejo de entrar em contato com suas imagens internas e respectivos processos de transformação. As imaginações guiadas diminuem os receios do imaginador, favorecendo que ele consiga processar melhor essas imagens.

Através de diferentes perguntas durante a imaginação guiada, o imaginador aprende quais perguntas ele mesmo pode fazer às imagens que aparecem nele. Quando o imaginador não precisa mais de ajuda, esta pode ser suspensa; o terapeuta, porém, permanece como companheiro apto a intervir quando necessário.

O objetivo é que o imaginador aprenda a lidar autonomamente com suas imaginações e saiba usá-las também fora da situação terapêutica, como acontece com a maioria das pessoas quando imaginam antecipadamente certas situações nas quais precisam provar seu valor – por exemplo, num conflito difícil.

No caso da pessoa com estrutura mais baixa (Rudolf, 2010, p. 138s.) que se sente impotente diante de imagens internas na vida real por ela mesma estabelecida – por exemplo, na percepção de que todos a olham com desprezo e de que ela sempre precisa se defender –, pode-se trabalhar com um tipo de imaginação que permanece muito próximo da realidade e, então, manejar essas imagens. Quem apresenta estrutura mais baixa carece de boa capacidade para distinguir entre "dentro e fora", entre aquilo que de fato lhe pertence e o que não lhe pertence; por isso, perde o contato consigo mesmo, fica confuso, desorienta-se em relação a si e aos outros. Pessoas desse tipo reagem facilmente com raiva e irritação, sentimentos que deveriam proteger nossos limites apenas quando a nossa integridade fosse atacada. Essas pessoas são inundadas por suas emoções, as quais elas não conseguem perceber nitidamente. E se, além disso, não tiverem desenvolvido a capacidade de se distanciar e refletir, tendem a agir de acordo com tais emoções: "Eu bati nele porque ele olhou feio para mim". Em uma imaginação guiada com muito cuidado e próxima da realidade, pessoas assim podem treinar e aprender a lidar com esses conteúdos – praticamente indomáveis de início – e, aos poucos, controlá-los cada vez mais. Limites podem ser estabelecidos.

No melhor dos casos, quem tem estrutura baixa usa o método terapêutico como modelo para lidar consigo mesmo; em um caso não tão bom, a pessoa só conseguirá aplicar a técnica da imaginação com a ajuda de um terapeuta. Para indivíduos desse tipo, imaginações espontâneas costumam acabar num beco sem saída: "O idiota que olhou feio para mim – é isso que me vem à mente", disse um rapaz de 22 anos após espancar alguém. Imaginações guiadas são uma possibilidade de abrir aos poucos as fantasias desse grupo.

Em minha experiência, observo que nem sempre se deve privilegiar a imaginação espontânea, pois a imaginação guiada pode conduzir o imaginador para um contato emocional mais próximo com suas imagens. No entanto, a imaginação guiada também torna a imaginação mais complicada porque as intervenções do terapeuta, que nem sempre estão a serviço do fluxo das imagens, podem interromper o processo, ou porque as imagens desse profissional podem influenciar esse processo. Tais possibilidades precisam ser discutidas entre o imaginador e o terapeuta.

Quando nos encontramos numa relação terapêutica próxima, é provável que nos influenciemos mutuamente, que tenhamos algo semelhante a um inconsciente comum (Kast, 2011), um espaço de imaginação compartilhado, de modo que sempre nos afetamos mutuamente com nossas imagens. Isso pode ser revigorante, mas também pode ser um empecilho. Mesmo que esse tema não seja articulado no trabalho terapêutico com as imaginações, essa influência existe independentemente da frequência das intervenções. Contudo, precisamos ser mais cientes e mais críticos de nossas intervenções quanto mais trabalhamos com elas e também com motivos que podem produzir mudança essencial no processo vigente.

5
O fluxo das imagens internas

> [...] concentra-se a atenção em uma imagem onírica que causa impacto, mas é ininteligível, ou em uma impressão visual, observando-se as mudanças que nela ocorrem. Este último é um método de introspecção indicado por mim e que consiste na observação do fluxo das imagens interiores (OC 9/1, § 319).

Jung parte do pressuposto de que as imagens internas estão em um fluxo no qual podem ser vivenciadas. Essa observação é confirmada por muitos terapeutas. No entanto, repetidamente notamos que ocorrem imagens fixas correspondentes a um estado emocional e a uma fixação em um problema ou situação, impedindo que se aproveite a possibilidade da abertura que a imaginação oferece. Em casos mais raros, essas imagens fixas podem ser um indício de que elas precisam ser questionadas, em relação a seu significado, justamente em sua imutabilidade. Na maioria das vezes, porém, tais imagens estão vinculadas a algum medo ou angústia.

É tido como comprovado que imaginações muito vivas, em combinação com uma boa capacidade de controle do ego, são as mais eficazes em termos terapêuticos (cf. Cautela & McCullough, 1986, p. 301ss.). A vivacidade, porém, exige imagens fluentes e as respectivas imaginações nas diversas modalidades sensoriais, ou seja, não apenas no que o imaginador vê, mas também no que ouve e cheira, na palpitação que percebe em seu coração etc. Por isso, todos que trabalham com imaginações no processo terapêutico se esforçam para colocar essas imagens em "movimento", para torná-las vivenciáveis. Ao imaginador cujas imagens internas não fluem ou que teme ausência de fluidez, sendo ele atormentado por alguma angústia, podemos promover confiança no fluxo interno das próprias imagens oferecendo-lhe um motivo para a imaginação que contenha em si o movimento do fluir, por exemplo, a água.

5.1 Exemplo: o motivo da água

Possíveis instruções para a imaginação (após um rápido relaxamento):

> Imagine água.
>
> Se essa água é agitada, siga o curso dela, perceba-a, note a paisagem pela qual ela corre ou na qual se encontra.
>
> Perceba também o clima.
>
> Qual é a sensação que a água provoca em você?
>
> Qual é seu lugar nessa imagem?
>
> Para onde corre a água?
>
> Se o que você vê é água parada, permaneça quieto e imóvel junto dela.
>
> Perceba a água, a paisagem e a si mesmo.

Diferentes formas de água podem ser vistas: um riacho, um rio, um córrego, uma fonte, um poço, um lago, o mar etc.

Naturalmente, poderíamos usar também essas diferentes formas como motivo para a imaginação, para vivenciar o "rio psíquico". Prefiro falar de água em termos bem gerais para conceder à alma a maior autonomia possível em sua expressão, mas também para obter um indício diagnóstico: nossa alma se representa de maneira diferente ao se expressar em imagens de uma fonte jorrante ou como fantasia à beira-mar. Em ambos os casos, pode se tratar da expressão de uma grande vivacidade interior – seja na vivência de estar junto à fonte, seja no fato de ser ela mesma uma fonte de vivacidade, fonte essa com a qual podemos lidar em certa medida. No caso do mar, pode se expressar como participação em uma origem misteriosa da vida, do ser, de algo que nos transcende em muito, que nos atrai para a infinitude da existência, para os grandes ritmos, dos quais participamos (cf. Anderten, 1986).

De forma natural, o motivo da água se insere numa paisagem, que, quando observada, permite recorrer primordialmente a lembranças ou fantasiar outras paisagens. Na maioria das vezes, o imaginador se lembra de experiências na natureza, com os sentimentos, problemas e alegrias a elas vinculados.

A pergunta pela posição do imaginador na imagem aponta para o fato de que é possível imaginar de formas distintas. Ao ver imagens, podemos continuar sendo a pessoa que as enxerga sem sequer nos darmos conta disso. Podemos estar totalmente envolvidos na imaginação, ou nos identificar com um dos elementos em ação nas imagens, a ponto até de nos transformarmos pessoalmente na água jorrante.

Os motivos da água ocorrem com frequência também em imaginações espontâneas. Isso não surpreende se levarmos em conta quantas metáforas relacionadas à água usamos para expressar como nos sentimos. Podemos dizer: "estou na fonte de algo", "estou transbordando de tantas ideias" ou, ainda, "minha fonte secou". O trabalho pode "fluir" ou não. Sentimos que não estamos acompanhando o "fluxo da vida"; parece que nosso "fluxo vital" ficou represado ou que nossa "vivacidade secou"; nossa vida "voltou a fluir". Possivelmente, "tudo escorre pelos dedos de nossas mãos".

Muitas vezes, usamos essas imagens sem imaginá-las figuradamente; se o fizéssemos, teríamos uma relação mais próxima com o estado anímico vigente que se expressa nelas.

A água também pode ser contida – falamos, por isso, em "raiva represada". Às vezes, a água arrasta coisas que não deveriam estar nela e que podem se acumular em determinado lugar, precisando, então, ser retiradas dali.

Mas a água também pode transbordar, inundar, destruir represas, alagar terras que não queremos que sejam alagadas – essa imagem ilustra que podemos ser inundados por emoções que costumam nos revigorar, mas agora nos paralisam.

Falamos também da profundeza da alma e, de igual modo, aqui reconhecemos uma relação com a água: às profundezas da alma correspondem as profundezas das águas.

Assim, as imagens de água sempre expressam o estado físico-emocional do nosso ser. E elas revelam como nos encontramos no fluxo da vida em termos de vivacidade psíquica, na transformação constante que se reflete na imagem da água.

Por isso, acredito que o motivo da água seja o mais indicado para estimular o fluxo das imagens em nosso interior e provocar imaginações nas quais ocorrem imagens acústicas, barulhos, cheiros e experiências físicas.

Evidentemente, há outros motivos, como o vento, a tempestade e o fogo, que estimulam o fluxo de imagens. O motivo do vento, porém, parece mais abstrato, pois o percebemos apenas por intermédio de algo – por exemplo, pela água agitada, ou por árvores que balançam. O motivo do fogo, justamente por apresentar também um aspecto destruidor, pode despertar medo (cf. Riess, 1986). Imagens animadas também podem ser produzidas quando propomos uma imaginação sobre o tema "estar a caminho de algo", isto é, tematizando uma viagem.

5.2 Imagens da poesia como acionadores de imagens animadas

Representações visuais transmitidas pela poesia, por sua vez, despertam imagens na alma do leitor; quando isso não ocorre, temos a impressão de que o texto não nos toca, de que não existe um diálogo entre nós e ele – esse texto pode até provocar alguma reflexão, mas não nos faz sentir emocionalmente vivos. Existem textos que representam o fluxo da fantasia do poeta; por sua vez, isso estimula o fluxo de imagens interiores, especialmente quando nos encoraja a degustar, com todos os nossos sentidos, as imagens descritas (p. ex., García Márquez, 2010).

Nossas imagens internas são estimuladas também por meio de contos de fadas narrados em linguagem figurativa sucinta e concisa. Quando as pessoas começam a treinar suas habilidades imaginativas, podemos ler para elas um conto de fadas, ou ao menos uma passagem desse conto, instruindo-as a conceber as imagens da forma mais vívida possível.

Naturalmente, podemos ler um conto de fadas inteiro. Esse método tem a vantagem de o imaginador saber que a história terá um final feliz e, por isso, será mais fácil para ele se expor a imagens mais desconfortáveis, sabendo que são passageiras[3].

Tal método se oferece principalmente para o exercício em grupos. Eu costumo escolher um conto de fadas que contenha símbolos ricos, os quais, assim espero, conseguem despertar também as imagens na psique dos indivíduos – haja vista que os contos de fadas são histórias bastante conhecidas que fazem parte de nosso passado cultural.

Quando apresentamos os imaginadores às imagens animadas com a ajuda das cenas de um conto de fadas, nós os encorajamos a produzir imagens fantásticas, a formar símbolos que já não pertencem exclusivamente à situação da vida concreta. Eles também vivenciam revira-

---

3. Sobre a seleção de contos de fadas e os diferentes métodos, cf. Kast (1993).

voltas fantásticas, pois, no conto de fadas, tais reviravoltas correspondem a soluções criativas na vida. A estrutura desse gênero textual – apresentação do problema, complicações, solução – faz com que o imaginador não tenha medo. Podemos admitir os problemas porque sabemos que há solução para eles.

Em fase mais avançada, podemos, então, a partir das imagens de um conto de fadas que afetam o imaginador de modo especial, promover imaginações espontâneas ou guiadas. Quando o tema de um conto de fadas nos afeta, ele aponta para um tema da nossa vida. Com a ajuda das imagens desse tipo de texto, podemos nos aproximar de regiões da nossa alma que estão gerando dificuldades – e que abrigam possibilidades de desenvolvimento.

5.2.1 Exemplo: A flor púrpura

No mundo fantástico dos contos de fadas, existem diversos contos coloridos muito apropriados para ativar nossas fantasias, entre os quais um exemplo especialmente estimulante é o conto russo *A flor púrpura* (X. Schaffgotsch [org.], s.d.).

Quando abordo uma passagem desse conto, costumo narrar o início da história depois de fazer um exercício de relaxamento com o imaginador. Então, leio a passagem escolhida, narro o final do conto e peço que o imaginador se lembre das imagens que mais o alegraram, irritaram ou surpreenderam. Em seguida, eu o instruo a se desligar dessas imagens e a abrir os olhos etc.

A flor púrpura[4]

O conto começa relatando que um comerciante tem três filhas e, de vez em quando, precisa viajar. Esse comerciante sempre traz algo das viagens para as filhas, algo que elas lhe haviam pedido. As duas mais velhas sempre pedem algo concreto ao pai: seda, cambraia etc. Porém, Alexandra, a caçula, pede uma flor púrpura. E é justamente essa flor que o comerciante não consegue encontrar; ele volta para casa sem ela, e sua filhinha fica muito triste. Por duas vezes, ele retorna sem a flor, mas, no terceiro ano, ele deixa a cidade para trás e entra na floresta. Ele anda e anda, mas o caminho pela floresta não termina. Enquanto anda, ele vê um jardim diante de si. Parado, diz: "Vou entrar no jardim para ver se encontro algo aqui". Ele entra no jardim e vê uma abundância de flores. O ar é maravilhoso, e o perfume das flores pesa sobre o comerciante. De repente, ele vê a flor púrpura. Ele vai até a flor e a toma para si; no momento em que faz isso, ouve um barulho muito alto e se assusta. Um monstro terrível voa em sua direção; o homem não sabe o que fazer. O monstro se dirige a ele: "Pois bem, meu querido comerciante, se quiser levar a flor, eu a darei a você, mas, em troca, você me dará sua filha. Também lhe dou este anel como presente para ela. Que ela brinque com ele. Aqui, tome o anel e o entregue à sua filha. Ela deve colocá-lo no dedo. Agora vá!" Assim, o comerciante pegou a flor e o anel e foi até os navios, que já estavam prontos para partir.

4. Trata-se de um conto de fadas do gênero do noivo animal, cf. Kast (1986a, pp. 77-99).

Eles zarparam.

Quando chegou em casa, ele deu às filhas mais velhas as coisas que elas haviam pedido – não me lembro mais quais eram seus desejos, pois, a cada viagem, pediam algo diferente. Quando ele lhes entregou os presentes, a caçula perguntou:

– Então, paizinho, você também trouxe algo para mim?

– Trouxe, sim.

A jovem se alegrou muito, começou a brincar com a flor e quis saber onde fora encontrada, para que ela mesma pudesse ir até lá. Essa flor espalhava diferentes aromas. E a jovem atormentava o pai com perguntas:

– Pai, onde fica esse jardim em que encontrou a flor púrpura?

– Ai, filhinha, ele fica muito distante daqui, além de muitos mares.

– Ah, papai, preciso ver esse jardim.

O homem pensou: "Se eu lhe der também o anel, ela saberá imediatamente de que jardim se trata". Então ele se cala e não lhe entrega o anel.

Pouco depois, esse pai pondera: "Bem, preciso acalmar minha filha para que ela não fique tramando ideias".

– Filhinha, tome este anel para que se acalme por um ano. Depois desse tempo, eu a levarei comigo no navio e a conduzirei até o jardim.

Assim que a jovem coloca o anel no dedo, ela é transportada para o jardim, o que a deixa muito satisfeita.

"Como vim parar neste jardim?", ela pensou. "Como é lindo aqui!"

Há flores e aromas agradáveis por toda parte; há também um palácio que brilha como que banhado em ouro, e a jovem está tão feliz que sequer sabe como se expressar. Ela se sente muito bem e não percebe o tempo passar. "Então é aqui que cresce a flor púrpura!" A moça passa o dia descontraída. Adentra o palácio e vai até um dos aposentos. Ali, encontra uma linda cama com travesseiros de pluma. Há tapetes, espelhos por toda parte – uma maravilha! O cansaço se apodera dela, e ela adormece. Ao acordar, senta-se à mesa. Quanta coisa existe ali! Há música, e todo tipo de diversão está a seu dispor.

Tomando chá à mesa, ela se pergunta: "Quem será esse benfeitor que cuida tão bem de mim? Tenho tudo aqui, tudo que poderia desejar; nem mesmo em casa eu vivo tão bem. Apareça, senhor deste lugar, não importa quem seja!"

De repente, ela ouve uma voz:

– Ouça, minha bela Alexandra, eu gostaria de me apresentar a você, mas você se assustaria comigo. Eu lhe concederei tudo, tudo que desejar. Eu sou a flor púrpura, mas não ouso mostrar-me a você, pois sou terrível. Você se assustaria comigo.

A jovem respondeu:

– Mostre-se, senhor, eu não me importo, não tenho medo de você.

– Tudo bem, eu lhe farei esse favor, eu me mostrarei, mas tenha cuidado para não se assustar.

Subitamente apareceu um monstro tão terrível que a moça desmaiou. Por fim, quando ela acordou, o monstro lhe perguntou:

> – Então, agora você me vê?
>
> – Está tudo bem, senhor, é bom que tenha se mostrado. Já não o temerei mais.
>
> Alexandra se alegra e se diverte. Em certo momento, ela sente saudade de casa. Com a ajuda do anel, pode voltar para casa a qualquer momento, mas só pode ficar fora por uma semana. Uma vez em casa, ela não se dá conta da passagem do tempo; então, quando finalmente se lembra da promessa de voltar à sua flor púrpura, retorna. De volta ao jardim, encontra seu senhor morto, agarrado à flor púrpura. A jovem o abraça e clama entre lágrimas: "E agora, quem me consolará? Como posso viver sem ele?"
>
> Nesse instante, ela ouve um trovão e vê diante de si um lindo príncipe. Ele confessa ser o filho encantado do czar e lhe conta que ela o salvara com seu amor. Por fim, os dois se casam.

Esse conto de fadas se compõe de uma abundância de imagens, as quais se formam dentro de nós quando conseguimos nos entregar a elas.

Essas imagens arquetípicas, que tratam das dificuldades e de seus possíveis desdobramentos, elementos tão típicos na vida humana e no inconsciente, podem ser enriquecidas com material pessoal. Com isso, esses temas da humanidade adquirem coloração particular.

Por outro lado, imagens pessoais também podem ser vinculadas a essas representações visuais arquetípicas e inseridas nos respectivos processos simbólicos; muitas vezes, isso aponta soluções ainda não reveladas na imaginação do indivíduo. Os processos simbólicos que se expressam em mitos e contos de fadas tratam, em certo sentido, de nossa existência atual; ao mesmo tempo, porém, remetem a um pano de fundo transindividual e coletivo. Mitos, contos de fadas e símbolos se encontram em um espaço intermediário, o qual sempre é já o espaço da fantasia, da criatividade em geral, da arte.

Quando usamos contos de fadas para exercitar nossas habilidades imaginativas, recorremos às possibilidades de um veículo que já constitui uma expressão desse espaço da imaginação. Então, estimulamo-nos nesse espaço a fim de adquirir novas soluções possíveis.

Os contos de fadas também estimulam a coragem para soluções fantásticas. Além disso, podemos aprender com o herói ou a heroína desse tipo de texto – de forma exemplar, solucionamos determinados problemas, que se expressam no processo simbólico. Em *A flor púrpura*, por exemplo, aborda-se a relação fascinante da jovem com o homem e com a sexualidade. Quando nos identificamos com a heroína, aprendemos a conviver ousadamente com aquilo que nos assusta: "é bom que tenha se mostrado, já não o temerei mais".

Contos de fadas propiciam muitas estratégias para lidar com figuras internas potencialmente usadas em nossas imaginações espontâneas.

5.2.2 Um exemplo do trabalho terapêutico: imagens oníricas enriquecidas por imagens de contos de fadas

Uma mulher de mais ou menos 35 anos sonhou:

> Encontro-me numa residência rural, semelhante a um castelo. Tudo é muito misterioso, muito lindo, mas também sinistro, um pouco assustador. Não parece haver ninguém aqui. Ando pelos quartos, todos muito bem mobiliados, mas não há ninguém. Fico cada vez mais angustiada... e acordo.

A paciente fala sobre a angústia e o fato de o sonho lhe ser tão estranho, tão desconhecido. Ela não consegue associar muitas coisas. Os quartos mobiliados, mas vazios, a lembram de que ela sempre tem quartos preparados para hóspedes que nunca vêm. Surge, assim, a questão de sua solidão, um problema que ela conhece muito bem e que, por meio do sonho, adquire dimensão sinistra. A mulher percebe que por trás disso se esconde algo que a assusta.

Quando ela me contou esse sonho, eu me lembrei espontaneamente de *A flor púrpura*, pois, nesse conto de fadas, a heroína também passeia por um castelo lindamente mobiliado, mas infinitamente vazio, já que ali não há nenhum ser humano. Vivenciamos o aspecto assombroso sobretudo naqueles contos de fadas em que uma refeição quente é servida por mãos invisíveis.

Esse exemplo mostra que o motivo para a imaginação – aqui toda uma sequência de motivos – pode provir de um sentimento de contratransferência do analista.

5.2.3 Excurso: contratransferência

Para mim, a contratransferência consiste primeiramente em todos os sentimentos que o analista desenvolve na situação analítica em relação ao analisando e os quais tenta registrar de alguma forma.

Esses sentimentos do analista podem corresponder exatamente aos do analisando e possibilitar, assim, acesso direto aos sentimentos deste, à sua compreensão empática.

Muitas vezes, porém, vivenciamos a rejeição dos sentimentos que são despertados em nós pelas emoções do analisando. Quando percebemos os nossos sentimentos de rejeição de forma empática, identificamos que tipo de ameaça nos acomete; na maioria das vezes, isso nos permite deduzir a ameaça que o analisando está sofrendo.

No entanto, não vivenciamos apenas emoções na contratransferência; muitas vezes, temos a impressão de que determinado comportamento ou papel nos é imposto, contra a nossa vontade e contra todo propósito terapêutico. Como Sandler sugere (cf. 1976, pp. 297-305), isso consiste, provavelmente, na tentativa de reestabelecer um padrão relacional que, em algum momento, foi significativo na vida da pessoa e lhe transmitia segurança. Existem também sentimentos de contratransferência que se expressam na forma de imagens, não raro arquetípicas, ou seja, símbolos cujo significado é partilhado por todos os seres humanos. Em uma contratransferência arquetípica, o analista se lembra de símbolos relacionados à situação do analisando e que inserem este num contexto mais amplo. É esse tipo de contratransferência que ocorre aqui, quando, inspirada pelo sonho da analisanda, eu lhe conto uma passagem de um conto de fadas. Em todos esses aspectos da contratransferência, é essencial entendê-la como expressão do fato de que o inconsciente do analisando e o inconsciente do analista se comunicam um com o outro (cf. Ermann, 1987, pp. 100-111; OC 16 §§ 353-539; Jacoby, 2000; Kast, 2011; Sandler, 1976) e que, às vezes, uma pessoa pode estimular em outra uma imagem expressiva e muito precisa de sua própria situação, imagem essa na qual está contida a possibilidade de desenvolvimento.

* * *

Narrei à analisanda o início do conto; depois, li para ela parte da história e a instruí a conceber as imagens da forma mais vívida possível. Ela conseguiu seguir minhas instruções e, em suas imaginações, foi capaz de sentir o cheiro do jardim, mas também o cheiro do monstro. Ela descreveu o cheiro do jardim como algo delicado, mas misturado ao cheiro de mofo. O cheiro do monstro era ácido. Para ela, o castelo da imaginação era idêntico ao castelo do sonho que tivera.

Então, pedi que a analisanda imaginasse mais uma vez uma imagem que lhe aparecera de forma especialmente intensa – e permitisse que tal imagem se transformasse.

Ela imagina o monstro terrível: vê um dinossauro com cabeça de crocodilo, olhos humanos e óculos; fogo sai pelas narinas e pela boca dessa criatura. Ela observa a heroína desmaiar e depois recuperar a consciência. O monstro está simplesmente presente. Então – identificando-se com a heroína do conto de fadas –, a analisanda diz ao monstro: "Pelo menos, agora conheço sua aparência e sei que você não pretende me devorar. Já não me assusto mais".

Ela olha para o monstro, mira os olhos dele. "Sempre que olho nos olhos do monstro, ele fica menor e passa a cuspir menos fogo... Mas não suporto isso por muito tempo; o monstro também não aguenta, e desaparece. E realmente estou na casa que vi no sonho, e esse monstro é o que tanto que me assusta. Agora, consigo lidar um pouco com ele".

Essa imaginação aconteceu na quarta sessão de análise. Embora a analisanda não estivesse familiarizada com a técnica da imaginação, ela a dominou prontamente.

Com a ajuda dos olhos e dos óculos, tentamos então descobrir quem se escondia por trás desse monstro. Um monstro raramente representa uma única pessoa; muitas vezes, ele reúne diferentes experiências assustadoras e "ácidas" pelas quais alguém passou ao longo da vida. No caso dessa analisanda, os olhos e os óculos pertenciam a duas pessoas diferentes que, do ponto de vista dela, eram autoridades especialmente assustadoras e "venenosas".

Com o conto de fadas, a analisanda aprendeu que podemos olhar para aquilo que nos assusta, e que isso é necessário a fim de que esse elemento assustador deixe de provocar em nós angústia tão forte. Ela descobriu que não era mera vítima indefesa desse monstro.

Para que as imagens internas comecem a se movimentar e consigamos seguir seu fluxo, precisamos conhecer algumas estratégias capazes de – em situações que nos assustam e nos levam a interromper a imaginação ou a controlá-la de tal modo que as imagens deixem de fluir – nos ajudar a reagir de tal forma que a imaginação continue viva. Podemos aprender essas estratégias, por exemplo, mediante a leitura de muitos textos desse tipo, compreendendo, assim, quais delas podem nos ajudar em situações específicas (cf. Kast, 1998), ou mediante a vivência no processo imaginativo acerca de como o terapeuta intervém – permitindo-nos interiorizar essas técnicas de intervenção e usá-las por conta própria.

Os contos de fadas não apenas nos ensinam um comportamento adequado na interação com figuras assustadoras; eles nos ensinam que precisamos nos preparar adequadamente para uma viagem – uma viagem imaginativa interior. Nos contos de fadas, estar preparado significa comer e beber bem, dormir e descansar antes de iniciar a viagem (cf. conto *Allerleihrauh*, em Kast, 2012a). Se aplicado à imaginação, isso quer dizer que precisamos procurar algumas imagens que nos ajudem a relaxar e contribuam para nosso bem-estar, às quais possamos recorrer quando necessitarmos de um recurso especial.

6
Imagens de relaxamento

Chamo de imagens de relaxamento aquelas que nos fazem bem, que nos deixam relaxados e podem nos ajudar a recuperar certo bem-estar quando as imaginamos. Sugiro que procure, para si mesmo ou para os imaginadores, algumas imagens de relaxamento e as utilize repetidamente em exercícios pessoais ou com outros indivíduos.

Quando trabalhamos com imagens de relaxamento, o propósito não é necessariamente a imaginação de processos completos, mas é evidente que isso também pode acontecer. Na maioria das vezes, porém, trata-se de imagens individuais e isoladas; com frequência, são lembranças de situações em que nos sentimos bem ou experimentamos a vida de forma mais intensa.

Em geral, não se trata, portanto, de cenas animadas, mas de imagens que transmitem e irradiam tranquilidade; por isso, eu as chamo também de "imagens de tranquilidade".

Justamente porque o fluxo das imagens interiores é muito importante na imaginação, não podemos nos esquecer de que existe também o polo oposto – não as imagens estáticas, que correspondem a uma ideia fixa, mas imagens que irradiam uma sensação de muita calma porque não se transformam.

Quando as imaginações são muito conflituosas e nos afetam emocionalmente, o repouso em uma imagem de relaxamento pode ser mais efetivo na promoção de mudanças maiores em dada situação do que o emprego de outras estratégias para lidar com aquilo que nos assusta. Percebemos essa dinâmica também em sonhos. Uma mulher de 65 anos, por exemplo, sonhou o seguinte:

> Estou em uma montanha, no alto dela. Existe aqui um caminho que leva a uma cabana. Há muitas pessoas nesse caminho. Andamos em fila, um atrás do outro. De repente, a neve cede sob meus pés, mas eu consigo me agarrar a uma parede de neve e tento enfiar nela a ponta de meus sapatos, para me apoiar ali. A mulher que me seguia tenta me puxar pela mão. Eu grito: "Não! Precisamos de ajuda. Assim não dá!" Tenho muito medo de cair e me agarro desesperadamente à neve.
>
> A situação do sonho muda. Estou em um vilarejo nas montanhas, com muita gente envolvida em seus assuntos pessoais. Na frente de uma oficina, dois homens mais jovens me mostram uma estrutura para suspender objetos. Afirmam que ela permite retirar pessoas que caíram em fendas de geleiras. Eles vão utilizar essa estrutura para me resgatar lá no alto. O único risco é que terei de soltar uma das mãos para me agarrar a esse aparelho, que imediatamente se fechará em torno do meu braço. Treinamos isso em "terra firme". Então, estou pronta. Uma conhecida me diz: "Por que você quer voltar lá para o alto da montanha?" Eu respondo: "O que você acha? Eu não quero cair!"
>
> Aqui termina o sonho, mas estou confiante e acredito que conseguiremos resolver o problema no alto da montanha. Estou até um pouco curiosa.

O sonho representa uma situação bastante perigosa e que gera muita ansiedade. O exercício em "terra firme" é uma imagem de relaxamento que transforma completamente a circunstância emocional. As imagens de relaxamento podem ser muito diversas, da mesma forma como existem diferentes técnicas para relaxar. Muitas vezes, essas imagens consistem em um movimento prazeroso imaginado; por exemplo, o imaginador se vê dançando ou fazendo um desenho na areia da praia.

Um exercício:

> Imagine uma situação em que você se sente, já se sentiu ou poderia sentir-se muito bem. Permita que essa imagem ganhe vida. Imagine como essa situação pode mudar para que você se sinta ainda melhor.
>
> Relaxe e aproveite.

6.1 Exemplos da prática terapêutica

Cito aqui duas imagens de relaxamento de analisandos para mostrar quão diferentes elas podem ser.

A primeira imagem de relaxamento é de um homem de 44 anos que apresenta indisposições depressivas. Seu maior problema é que ele não se permite ser quem é em razão de um medo profundo de ser "abandonado" por "não se encaixar".

Em termos biográficos, ele nunca foi abandonado no sentido de haver perdido um dos pais, mas raramente era levado a sério em suas necessidades e sentimentos – era assim que ele se sentia abandonado enquanto criança.

Esse sentimento estava vinculado a sentimentos de desvalor, de não ser importante para seus pais.

Sua imagem de relaxamento é a seguinte:

> Eu me entrego à dança, ouço a música. É *rock*. (Escolho entre *rock* e polca.) Hoje, escolho música *rock*. Danço sozinho no centro de um círculo, sinto os movimentos dos outros, eles me encorajam. Suamos, sinto cheiro de suor, sinto força e intensidade – e, ao mesmo tempo, leveza. Então, o grupo inteiro me abraça, e uma mulher, que é muito importante para mim, me olha com um brilho nos olhos, dizendo: "Seus movimentos são maravilhosos". Eu me sinto muito bem. Depois disso, entro em uma piscina para brincar, mas a fantasia se torna menos vívida. Sinto-me bem e vivo.

O analisando sente essa sequência de imagens relaxante: há uma sensação física de vivacidade. Ele consegue se alegrar consigo mesmo e se aceitar, inclusive com o suor que costuma tentar evitar a todo custo. Em sua vivacidade, é igualmente aceito por um grupo maior e por uma mulher que é muito importante para ele e que o admira. Ele se sente fisicamente vivo e aceito, e isso o relaxa. Nessa sequência de imagens, esse homem aceita o risco de ser ele mesmo, de ser o centro das atenções; e ele não é abandonado, muito pelo contrário. Como consequência dessa imaginação, ele se pergunta se não deveria se arriscar um pouco mais em relação a essa mulher que o admira no sonho.

Muitas vezes, as imagens de relaxamento que escolhemos têm a ver com um de nossos problemas fundamentais, os quais buscamos curar com elas. Isso não resolve o problema, mas permite que vivenciemos novos sentimentos e, por conseguinte, um comportamento diferente.

A segunda imagem de relaxamento foi relatada por um homem de 48 anos que também sofre com indisposições depressivas. Mas seu maior problema são sentimentos de culpa: ele acha que "sempre" é culpado. Essa culpa abala sua autoestima, e, qualquer que seja a dúvida com que o mundo externo o confronte, ele se sente um perdedor sem direito de existir. Eis o que ele imagina:

> Estou deitado em uma poça redonda cujo tamanho mal permite que eu me estique. A temperatura da água é agradável, como na banheira. Sinto-me muito bem em minha pele. Sinto o cheiro da grama; aparentemente, ela foi cortada há pouco tempo. Sinto-me muito leve na água, sinto os raios do sol. É maravilhoso, ninguém exige nada de mim, não preciso fazer coisa nenhuma, sinto-me bem.

Essa sequência de imagens também oferece sustento à vivência própria do analisando. Ele se sente muito bem em sua pele e não precisa satisfazer as necessidades dos outros. Sendo alguém que costuma enxergar o mundo como um conjunto de exigências que ele não consegue cumprir nem mesmo reunindo todas as suas energias, agora pode simplesmente se entregar ao prazer que sente nessas imagens.

Sua imagem de relaxamento corresponde a acolhimento e paz, à sensação de "recarregar a bateria". Ao permanecer nessa água agradável e quente, que também lembra o líquido amniótico, ele se recupera. Trata-se de imagens que pertencem ao aspecto acolhedor do complexo materno (cf. Kast, 2012b), elas permitem que a pessoa simplesmente seja como é; às vezes, essas imagens também são temidas, pois poderiam nos seduzir a permanecer nelas, a nos mimar como a mãe mima o filho, o que nos faria fugir dos aspectos mais difíceis do mundo.

É claro que esse perigo sempre existe. Mas isso não é nenhuma razão para não perceber, de modo consciente, tais imagens de relaxamento e descobrir quais anseios se expressam nelas. Pois, quando as percebemos conscientemente, existe também a possibilidade de utilizá-las de maneira muito assertiva quando precisamos delas. Justamente no confronto com alguns temas fundamentais de nossa vida, com algumas feridas e dificuldades básicas, é de extrema importância acessar essas imagens e vivificá-las na maior medida possível. Lazarus (1980, p. 108ss.) trata seus pacientes com imagens instruindo-os a conceber cenas que, como ele acredita (e provavelmente sabe), são capazes de influenciar de modo positivo o problema fundamental de uma pessoa. Ele estabelece uma conexão direta entre diagnóstico e imaginações terapêuticas, principalmente nos diversos distúrbios funcionais.

Parece-me que as imagens de relaxamento sugeridas e produzidas pelo próprio analisando expressam de forma muito mais precisa quais cenas têm o potencial de transformar seus temas e problemas fundamentais.

6.2 Imagens de relaxamento como imagens de anseio

As imagens de relaxamento podem expressar um anseio, especialmente quando instruímos o paciente a imaginar uma situação agradável e, então, a modificá-la para se sentir ainda melhor nela. Essa instrução dá a entender que o paciente pode criar imagens que não correspondem a uma experiência concreta, mas são nutridas pelo desejo – ou seja, são imagens do nosso anseio.

Nesse contexto, pergunta-se se todas essas imagens internas são de fato nutridas pelo desejo e se elas não tornam o paciente ainda mais infeliz quando o instruímos a evocar cenas que, no dia a dia, não podem ser realizadas. Em vez de falar de imagens de desejo, prefiro falar de imagens de anseio, pois essa expressão me parece menos exposta a preconceitos.

Ter desejos é algo visto como sinal de imaturidade, de incapacidade de realizar o que desejamos. As afirmações de Freud referentes a isso foram eficazes. Ele disse:

> Suas produções mais conhecidas são os chamados "sonhos diurnos" [...] satisfações imaginadas de desejos ambiciosos, megalomaníacos, eróticos, que tanto mais crescem quanto mais a realidade solicita moderação ou paciência. Nesses sonhos diurnos, mostra-se inequivocamente a natureza da felicidade fantasiosa, a obtenção de prazer faz-se de novo independente da aprovação da realidade (2014). A pessoa feliz nunca fantasia, só a insatisfeita (2016).

Quem estaria disposto a assumir seus desejos se estes revelassem uma vida que exige "moderação" ou se revelassem "insatisfação" com a vida?

Bloch (1959, p. 96ss.), por sua vez, sempre insistiu que o âmbito da imaginação é o reino dos desejos e da utopia. Ele defendeu que o desejo não tem função meramente compensatória, para, de alguma forma, tornar o dia a dia mais suportável. Segundo Bloch, especialmente na arte de ter desejos, no potencial da utopia, está a particular possibilidade humana de "antecipar" o futuro, de orientar toda a nossa existência por objetivos novos e ideias novas.

Hoje essa visão da imaginação é bastante comum (Singer, 1978; Singer & Pope, 1986). Mesmo assim, muitos ainda perguntam se a imaginação sempre retrata apenas nossos desejos, se ela deve ser vista apenas como castelo nas nuvens ou se revela forças internas que ainda não puderam ser realizadas.

A despeito de como essas imagens de anseio sejam avaliadas, sempre temos nossos desejos, nossos anseios. Em nossa imaginação, projetamos a vida, planejamos o futuro, seja porque nossa vida atual ainda não é como a imaginamos, seja porque, enquanto formos vivos, nunca estaremos satisfeitos – sempre haverá um novo anseio, sempre conceberemos novas ideias sem que possamos saber se expressam megalomania, se são castelos nas nuvens ou se contêm um conhecimento secreto de possibilidades na vida. Isso porque, muitas vezes, operam nas supostas ideias megalomaníacas aquelas forças dinâmicas que nos tiram da passividade da zona de conforto. A expressão "ideia megalomaníaca", frequentemente usada por terceiros, não propriamente pela pessoa que tem a ideia, muitas vezes contém um pingo de inveja e expressa somente algo muito vago. O que mais tarde se revela como criativo, inicialmente se apresentou como ideia megalomaníaca – e se este adjetivo era cabível ou não, isso só se revelará no resultado.

As imagens de anseio devem sua existência à aspiração por uma vida melhor; elas são sustentadas por motivos e imagens orientadoras da vida pessoal e da vida dos seres humanos em geral. Combinadas à emoção do anseio, podem conferir ao ego a energia para, ao menos em parte, querer torná-las reais.

É claro que todos nós conhecemos pessoas que tentam enganar os outros e passam dias e semanas fazendo grandes declarações sobre ações futuras que pretendem executar, mas nada acontece. Porém, duvido que essas pessoas sejam realmente tomadas por imagens de anseio e afetadas emocionalmente. Acho que elas não se deixam envolver nem por tais imagens nem pelas exigências do dia a dia.

O fato de ser possível haver uma forma de decadência corresponde à natureza humana, mas esse fato não precisa desacreditar o anseio como um todo, com seu poder antecipatório de imaginação – nesta, há sempre um futuro não redimido, um futuro passível de redenção.

Nossos desejos nos assustam porque tememos que eles nos enredem em um mundo de aspirações, que eles nos instiguem a estabelecer metas de vida que não podemos alcançar. É possível que isso aconteça, especialmente se acreditarmos que todo desejo deve ser sempre integrado à realidade, sem que façamos nenhuma concessão. No entanto, o valor de uma utopia não é comprovado pelo fato de ela poder se realizar no dia a dia sem concessões, mas pelo número de pessoas que ela mobilizou, quanta inspiração espiritual proporcionou a nós e aos outros. O mundo da fantasia, dos símbolos, sempre apresenta dimensões que não podem ser simplesmente transferidas para o dia a dia; elas ultrapassam os limites do nosso mundo, sua função essencial está precisamente no efeito de nos tirar do corriqueiro.

Se não nos permitimos imagens de anseio, não nos permitimos um futuro, mas, acima de tudo, não nos permitimos mais o poder transformador que nelas se expressa. As imagens de anseio que imaginamos e às quais podemos nos entregar de verdade têm grande efeito sobre nosso humor: elas provocam esperança, esperança de mudança, esperança de algo que se encaixe melhor em nossa vida, que a torne mais coerente.

Por essa mesma razão, as imagens de anseio também podem ser imagens de bem-estar, de relaxamento, de fortalecimento porque tornam a esperança possível. Todavia, é importante que realmente autorizemos essas imagens de anseio, que nos permitamos nos envolver emocionalmente com elas, que consintamos que nos afetem, que não as deixemos simplesmente passar diante de nosso olho interior como um lindo filme que nada tem a ver conosco. Somente quando estiverem vivas, tais imagens mudarão nosso humor, nossas fantasias e nossas imagens. Não se trata de evitar essas imagens de saudade, mas de mergulharmos nelas completamente.

Vistas dessa forma, as imagens de anseio, as imagens de relaxamento, também podem nos mostrar quais imagens são necessárias para que possamos conviver melhor com uma dificuldade fundamental.

6.3 Imagens de alegria e orgulho tomadas como recurso

Encontramos recursos em imagens de relaxamento e descanso. Um recurso muito especial são as imagens de alegria e orgulho.

Eis uma possível instrução para uma imaginação:

> Imagine que você é uma criança na pré-escola, talvez prestes a ser alfabetizada, e está brincando com algo que o enche de alegria ou até mesmo de orgulho.

Um homem de 68 anos descreve como se vivencia enquanto garoto que consegue correr muito:

> Eu estou brincando com os outros: pega-pega. Somos três meninos, mais ou menos da mesma idade, por volta dos 8 anos, e eu corro e corro. Nunca mais me lembrei de termos brincado de pega-pega. Eu corro com o vento, e fico feliz por ser tão rápido. Em algum momento, estou de volta com os outros. Eles dizem: "Estamos brincando de outra coisa agora, não temos nenhuma chance contra você na corrida, você é mais rápido que o vento. Ainda estou completamente em contato com o sentimento desse garoto. O sentimento ainda é totalmente acessível para mim. É maravilhoso! Não sou tão rápido agora, mas era uma sensação maravilhosa. Ainda consigo sentir essa sensação e quero preservá-la.

Depois de se lembrar dessa brincadeira, ele se recorda de outras experiências associadas ao orgulho alegre. E, evidentemente, pergunta-se onde elas foram parar. Essas situações alegres podem ser revividas, pelo menos na imaginação, na qual é possível retomar o contato com essa alegria.

As imaginações que revivem situações nas quais experimentamos orgulho alegre permitem que experimentemos de novo a alegria. Podemos nos contagiar da nossa própria alegria do passado – uma alegria por algo que era bonito, bom, comovente ou que revelava sua grande competência, e também por fazer coisas com outras pessoas (cf. Kast, 2008b). Essas lembranças alegres também nos incentivam a pensar em como podemos trazer mais alegria para nossa vida agora.

Experimentamos um sentimento de alegria ou de orgulho alegre quando algo é melhor do que esperávamos, quando somos surpreendidos por alguma coisa que ainda não havíamos percebido, ou simplesmente quando algo nos surpreende por ser belo, bom, tocante – inclusive algo que diz respeito a nós mesmos. Quando nos sentimos felizes, estamos em harmonia conosco, com o mundo, com nossos semelhantes; sentimo-nos unidos e, por causa desse sentimento, agimos de forma solidária.

Na alegria, as pessoas transmitem uma impressão radiante, fulgurante, leve e luminosa. Os movimentos que associamos à alegria são direcionados à altura e à amplitude – os cantos da boca se erguem quando estamos felizes ou quando sorrimos alegremente; podemos pular de alegria ou jogar algo para cima. Isso deixa claro que a alegria é um contraponto ao peso e à escuridão terrestres. A alegria sugere uma possível conexão com algo que vai além de nós mesmos e nos deixa entusiasmados.

Quando estamos felizes, sentimos um calor interior, um calor físico, mas também na alma. Isso nos deixa mais abertos e vivos, mais animados. A autoestima que experimentamos na alegria é um sentimento de autoconfiança natural que resulta do fato de, nessa dada ocasião, conseguirmos nos aceitar como somos e aceitar nosso mundo interior e o mundo à nossa volta do jeito que são, porque já recebemos mais do que esperávamos: o mundo e a vida são melhores do que pensávamos. Essa autoconfiança natural inclui sentir-nos importantes sem que precisemos sê-lo; nossa autoestima é equilibrada, o que permite nos abrirmos para os outros e para o mundo. Olhamos para as pessoas e também para nós mesmos com olhos amigáveis e acolhedores; igualmente, podemos oferecer algo, ser generosos, abertos. Na alegria, não somos desconfiados, mas às vezes somos ingênuos. Não esperamos nenhum mal. E quando isso acontece, por exemplo, quando alguém nos envergonha, ficamos muito magoados. É possível nos proteger dessa dor simplesmente impedindo que tal alegria aconteça. Ao fazer isso, nós nos limitamos.

A certeza da autoconfiança, a importância de não precisarmos insistir, nossa abertura e a possibilidade de colocá-la em prática resultam em senso de vitalidade e de competência para lidar com a vida; sentimos uma nova energia para viver. Consequentemente, queremos estar perto das pessoas, almejamos compartilhar, temos coragem de experimentar soluções juntos. A alegria é a emoção fundamental para a conexão, a solidariedade e o amor. Experimentar alegria e lembrar-se dela é um recurso fundamental, mesmo em tempos difíceis.

A expectativa e a antecipação são formas particularmente intensas de alegria – são a alegria combinada com uma espera um tanto ansiosa de que as coisas aconteçam da maneira como as imaginamos. A antecipação, essa alegria empolgada, deriva sua qualidade especial precisamente do fato de que ela apenas visualiza na imaginação esse "melhor do que se pode esperar", mostrando muito claramente quais poderiam ser nossos desejos e como eles se realizariam. Quem consegue desfrutar da antecipação a descreve como a melhor de todas as alegrias. Qualquer indivíduo que nutre expectativas, que acha que elas devem ser cumpridas até o último detalhe, sabe como evitar essa alegria como a mais arriscada de todas; caso contrário, ele se decepcionará constantemente. Decerto, o senso de realidade confirma a postura dessa pessoa, mas não otimiza o prazer na vida.

Questiona-se, então, como essa emoção, enquanto recurso essencial, pode ser encontrada e intensificada. O primeiro passo é reconhecer conscientemente as alegrias da vida cotidiana, pausar por um momento e apreciá-las. Depois, podemos também retomá-las em nossas lembranças. As situações que provocaram a alegria podem ser lembradas repetidas vezes se continuarmos nos lembrando delas, saboreando-as, contando-as a outros. Muitas alegrias se tornam maiores quando compartilhadas com outras pessoas, desde que estas não sejam invejosas nem se sintam compelidas a estragar essas alegrias. Se conseguirmos compartilhar a alegria, ela se multiplicará.

A alegria também é obtida por meio do contágio. Emoções são contagiosas. Por exemplo, é muito difícil estar na companhia de pessoas enraivecidas e não ficar com raiva. A emoção da alegria pode ser contagiosa quando estamos acompanhados de pessoas alegres ou animadas e também podemos ser contagiados por textos que trazem alegria ou por músicas que nos deixam entusiasmados. Os sonhos, especialmente se forem elaborados de forma imaginativa, podem ser analisados não apenas em termos de conflitos, mas em relação a situações que provocam alegria.

E essas situações podem ser saboreadas. Caso isso não baste, há ainda o método da "autofecundação" por meio da reconstrução da biografia da alegria (Kast, 2008b). Ao fazê-lo, tentamos imaginar situações significativas de alegria em diferentes idades, por exemplo, usando uma técnica imaginativa para desenvolver empatia com movimentos corporais da criança em idade pré-escolar ou escolar, em especial, é claro, com movimentos corporais causadores de alegria, como mostra a instrução imaginativa que abre este tópico. Essa idade é particularmente adequada para uma introdução à biografia da alegria, porque ainda temos pouco controle sobre a expressão dessa emoção – ainda nos satisfazemos de modo desinibido com a nossa própria alegria e, se tivermos crescido num ambiente razoavelmente benevolente, temos certeza de que as outras pessoas também se beneficiam da alegria que experimentamos. Pode-se imaginar essas situações como num filme ou mesmo colocar-se no lugar da criança. O que procuramos é a emoção da alegria, incluindo o orgulho alegre.

Quando compartilhamos essas imaginações de alegria com um grupo, por exemplo, isso traz à tona outras lembranças. Na maioria dos casos, as lembranças de uma fase posterior da vida também se tornam acessíveis. Se não conseguirmos pensar espontaneamente em outras experiências de alegria em sua vida, podemos recorrer à cronologia: o que me dava alegria quando eu tinha 12 anos? Também é interessante se perguntar se essa alegria – certamente em formato ligeiramente distinto – ainda existe hoje. Ao fazer tal pergunta, podemos descobrir nichos maravilhosos nos quais o orgulho alegre vem à tona e é trazido à mente. Imagens que despertam alegria e orgulho alegre são imagens de relaxamento muito eficazes.

7
A autoimagem no espelho de diversos motivos de imaginação

Nossas imagens sempre dizem algo sobre nós, sobre como nos vemos, como vemos o mundo que nos compõe e no qual estamos inseridos, sobre como nos tornamos o que somos, como gostaríamos de ser, que desejos gostaríamos de realizar. No entanto, podemos usar nossa autoimagem, nossa identidade em desenvolvimento, também como objeto direto de nossa imaginação. Quero usar um exemplo para mostrar como diferentes motivos retratam diferentes aspectos da autoimagem, sem a intenção de apresentar uma fenomenologia completa dessa imagem de si. As autoimagens são momentâneas e expressam imagens importantes para nós e para nossa vida no momento em que ocorrem. Além disso, sempre há pessoas que reagem melhor a outros motivos. Quero usar esse exemplo também para mostrar como podemos intervir para que as imagens permaneçam em fluxo e como é possível obter um diálogo interno, um diálogo entre autoimagens distintas e possivelmente contraditórias.

Quando intervimos, é importante lembrar que, na condição de terapeutas, acompanhamos a imaginação de outra pessoa e visualizamos da melhor maneira possível as imagens descritas. Reagimos e intervimos com base em nossas imagens. Também é possível que os motivos da imagem dessa pessoa revitalizem imagens preocupantes em nós mesmos. Nesse caso, porém, torna-se difícil reagir com empatia às imagens de quem imagina; todavia, podemos compartilhar nossa própria imagem, o que volta a viabilizar a experiência compartilhada.

Possíveis instruções para a imaginação:

• Você se vê em uma paisagem. Descreva-a. Descreva a si mesmo nessa paisagem.

• Você se vê ao lado de um corpo d'água.

• Você se vê como uma árvore em algum lugar. Que tipo de árvore você é? Onde a árvore está?

• Você se vê como um animal. Que tipo de animal você é?

• Suponha que você seja uma ilha. Que tipo de ilha é? Onde se localiza? Quem a ocupa? Quais são as conexões com o continente?

• Imagine um palco. Você se vê nesse palco como dois personagens distintos, vestidos de maneiras diferentes. Agora, cada um de vocês deve dizer uma frase para o outro.

Essas instruções têm o objetivo de, inicialmente, fazer com que o imaginador assuma a posição de observador. Nessa imaginação, a pessoa deve olhar para si mesma, formar uma autoimagem. Se alguém se identifica com as figuras que aparecem, essa é uma oportunidade de se abrir para as imagens mais uma vez, de perceber de modo mais intenso sua própria identidade. A instrução deixa essa possibilidade em aberto. Em resumo, os motivos se relacionam com os aspectos do ser humano a seguir descritos.

O motivo da *paisagem*, que muitas vezes está vinculado à experiência climática, mostra onde estamos no momento em questão e revela o estado de espírito predominante.

A água nos dá uma indicação da dinâmica psíquica atual, de nosso movimento espiritual ou de nossa concentração espiritual; sob certas circunstâncias, também nos oferece informações sobre como e onde nos encontramos no fluxo da vida.

A árvore mostra nosso crescimento no mundo. Uma autoimagem é retratada de forma muito direta na árvore: como seríamos se tivéssemos que representar nossa existência por meio do motivo de uma árvore?

O *animal* mostra nosso lado vital e instintivo, incluindo nosso aspecto animalesco.

A *ilha* se refere ao fato de estarmos sozinhos e, portanto, é claro, alude à questão dos vínculos e relacionamentos sociais.

O motivo do *palco* evoca imagens do que está acontecendo no momento. A instrução de se imaginar de duas formas diferentes no palco também aborda eventuais contradições na autoimagem que tenham o potencial de gerar conflitos. É evidente que também podem aparecer dois personagens complementares.

A intenção primária dessa seleção imagética não é colocar as imagens internas em movimento, mas promover a autorreflexão sob diferentes perspectivas.

7.1 Um exemplo da prática terapêutica

Uma terapeuta de 44 anos que está aprendendo a técnica da imaginação sente-se apática e pede que eu simplesmente lhe ofereça alguns motivos. Cito a ela os motivos mencionados anteriormente, os quais colecionei ao longo dos anos e acredito serem capazes de revelar aspectos essenciais da autoimagem. O resultado é o seguinte:

> *Paisagem*: "Eu me vejo numa paisagem muito verde, talvez na Irlanda. Estou em pé, de galochas, com as pernas afastadas. Atrás de mim, há colinas, colinas verdes envoltas em névoa. À minha frente, está a imensidão do mar. Sinto-me segura nessa paisagem".
>
> *Água*: "Estou no rio Danúbio. Nele não há muita água, mas há uma correnteza forte. O rio me transmite uma sensação de calma, de estar fluindo tranquilamente. Eu caminho contra a correnteza e sinto sua força".
>
> *Árvore*: "Sou um lariço. Sinto-me animada, e o vento passa por meus galhos. Meus galhos roçam levemente uma faia de cobre que está perto de mim. Há outras árvores, incluindo pequenas faias, pequenos lariços e um pinheiro-da-noruega. Sinto-me bem enraizada e muito leve. Sou alta, mas não me elevo sobre as outras; tenho estatura considerável e galhos fortes. Minhas folhas são verdes, embora eu tenha a sensação de estarmos no outono. O clima é agradável e ensolarado, em uma estação fria. Gosto muito de ser um lariço, dessa autossuficiência, dessa leveza e firmeza, mas também gosto dessa possibilidade de ternura".

Animal: "Estou em dúvida: gostaria de ser um puma; eu me vejo como um felino forte e magro. Mas também gostaria de ser um porquinho, um leitão de uma semana de idade: quente, rosado, animado, com um desejo exuberante pela vida. Vejo esse porquinho diante de mim agora mesmo..."

Neste momento, faço uma intervenção: "Você se vê como porquinho ou gatinho?".

Ela diz: "Como um porquinho… Mas eu preferiria ser um gatinho-porquinho. Só vejo um porquinho correndo por aí, guinchando de felicidade, e adoraria pegá-lo no colo. Agora posso vê-lo metendo o nariz em tudo e sendo muito curioso. Quero que o gatinho seja brincalhão, macio e deseje ser acariciado. Agora vejo um leitão à minha frente, com a forma de um porquinho, o nariz e a boca de um porco, mas com o pelo de um gato jovem; olhos e patas de um gato. O leitão pode se movimentar igual a um porco e a um gato".

Ilha: "Eu gostaria de ser uma ilha no Atlântico, com rochas escarpadas. Escondido entre as rochas, há um campo verde, fora de vista, há também uma praia de areia acessível. Quero ser uma ilha onde as pessoas possam refletir. Quero que elas possam fazer isso, simplesmente pela maneira como me coloco ali, como me sinto. É preciso haver um barco e boa maré para chegar até mim. Também é possível chegar de helicóptero, mas eu não gosto muito disso, pois é uma invasão pelo ar. Gosto de ser uma ilha disponível a quem busca contemplação".

Palco: "Estou tendo um pouco de dificuldade: há uma garotinha, há uma mulher – uma mulher maternal –, há uma pirralha atrevida, uma mulher extremamente elegante com um vestido caro, outra com *jeans* sujos, uma mulher que apenas corre pelo palco e acha que pode encontrar algo, uma mulher que se envolve completamente, uma mulher que quer se apresentar de biquíni. Eu gosto da mulher elegante, quero que ela se apresente. Seu vestido é preto, da década de 1920, decote grande, costas expostas, um chapeuzinho chique, pernas lindas – ela é lascivamente casta. Eu realmente gosto de descrevê-la. Ela tem um rosto elegante, mas é bastante vazia..."

Eu intervenho e pergunto: "Quem diz isso?"

"A que está de *jeans* sujos. Pode-se vê-la fazendo jardinagem, ela parece ter resolvido todos os enigmas do mundo, não se importa com as aparências. Ela quer lidar com a própria realidade, não quer fingir. Ela dificulta as coisas para si mesma. Então diz para a mulher elegante: 'Você está perdendo seu tempo no mundo das aparências'.

E a mulher elegante responde: 'E você está presa à crosta terrestre'.

A mulher de *jeans* está visivelmente abatida e pensa: 'Discutir com ela não vai adiantar nada, ela sempre tem uma resposta'.

Pergunto então à mulher elegante: 'Você não tem medo de acordar em algum momento e perceber que vive no mundo do faz de conta?'.

A mulher elegante diz: 'Não. Por quê? Não sou escrava do mundo das aparências. Uso esses vestidos quando me convém e depois uso outros'.

A mulher de *jeans* comenta: 'Mas as pessoas... elas devem estar falando'.

A mulher elegante responde: 'As pessoas sempre falam, elas também falam sobre *jeans*'.

A mulher elegante se assenta num banco de bar.

> Irritada, a mulher de *jeans* corre de um lado para outro do palco e pergunta: 'O que você quis dizer quando afirmou que eu estava presa à crosta terrestre?'
>
> E a mulher elegante responde: 'Só quis dizer que você não está buscando as profundezas nem fazendo grandes planos, mas tentando o óbvio sem ousar realizar nada que seja extravagante. Afinal de contas, posso usar *jeans* quando eu quiser, mas e você? Pode usar um vestido elegante?'
>
> A mulher de *jeans* pergunta: 'Eu preciso ser capaz de fazer isso?'"
>
> Percebo que a imaginadora está tendo dificuldades e a instruo a buscar a ajuda de duas pessoas conhecidas; ela traz o pai e a mãe e diz: "Minha mãe acha que a mulher de *jeans* é muito boa, meu pai também – pelo menos é o que ele diz –, mas ele fica olhando para a mulher elegante".
>
> Em seguida, a analisanda traz também para o palco seu parceiro e um amigo e tenta adivinhar quem gosta mais de qual mulher.
>
> Então, eu a instruo a trazer outra pessoa, seja outro casal, seja uma mulher ou um homem.
>
> E ela diz: "Sim, eu apareço agora vestida casualmente. A mulher de *jeans* da crosta terrestre se retira, e a mulher elegante se despede".

Essas imagens evocam emoções e pensamentos espontâneos, mas também podem ser compreendidas em seus respectivos contextos por meio de associações adicionais às diversas imagens.

A reação espontânea da imaginadora foi:

> Eu gosto mais do gatinho-porquinho; eu realmente consegui ser esse gatinho-porquinho em minha imaginação. A imagem da ilha também foi muito forte. Depois, foi importante me ver no palco, pois sempre tenho essa dicotomia entre a mulher sedutora, que quer ser casual, e a mulher segura. Eu não sabia que isso estava relacionado ao problema do meu pai, mas faz muito sentido para mim. Tenho muito orgulho do lariço, gosto muito dessa árvore. Talvez eu queira ser igual a um lariço, mas nem sempre consigo ser tão leve e vital quanto ele.

Sobre a imagem da paisagem, a analisanda diz que se sente segura nesse cenário irlandês verde e um tanto misterioso. Ela faz uma conexão entre sua representação nessa imagem – em que está de galochas – e a mulher de *jeans*: é assim que ela é. A Irlanda é uma imagem de sua lembrança: pouco tempo antes, a analisanda passara férias com a família nesse país. É claro que muitas outras associações poderiam ser citadas em relação a essas imagens, as quais a imaginadora relaciona mais às pessoas presentes nas imaginações. Entretanto, aqui eu me limitarei ao aspecto central dessa imaginação, que diz respeito à autoimagem.

Nas imagens relacionadas à paisagem, a analisanda se mostra como uma mulher que encontrou no mundo um lugar onde se sente segura. Ela tem uma base boa, quase não se desequilibra nem molha os pés.

Na imagem do Danúbio, percebo que ela vai contra a corrente; no entanto, a correnteza só a puxa um pouco, não há muita dificuldade em caminhar no sentido oposto. A analisanda, que cresceu na região desse rio, fica surpresa com o fato de haver pouca água em seu Danúbio imaginário. Em sua imaginação, o Danúbio a faz lembrar de um afluente do Rio Tibre que também tinha pouca água e podia ser facilmente atravessado a pé.

Quanto às emoções, ela sente que não está "em fluxo" no momento, no Danúbio não há muita água – e a própria analisanda está andando contra a corrente, diz a imagem, contra a dinâmica interna. Essa imagem corresponde mais ao seu humor atual: ela se sente apática.

A árvore está relacionada a um aspecto mais duradouro da autoimagem do que a água, que está sempre em movimento. A analisanda diz que sempre se vê como um lariço quando pedem que ela se descreva na forma de uma árvore; ela gosta muito do lariço: uma espécie conífera que, no entanto, acompanha as mudanças das estações. Ela ressalta que outras pessoas também a veem como essa árvore, cuja elegância, leveza e força a fascinam. Ela não sabe dizer se já se parece com o lariço – acredita que sim; caso contrário, as outras pessoas não a veriam dessa forma – ou se está se tornando cada vez mais parecida com ele. Para a analisanda, essa árvore é claramente uma imagem de anseio, mas ela não sabe quão realista ele é, até que ponto pode ser realizado. Ela associa a faia de cobre ao seu parceiro.

A imagem do lariço fala do orgulho próprio, de sua existência desenvolvida, de seu bom senso de si mesma. Também fica claro que a analisanda integra uma variedade de relacionamentos evoluídos: os galhos de sua árvore roçam levemente os de outras. Portanto, ela consegue estar em contato com outras pessoas.

A analisanda comenta que acha o puma um gato particularmente vigoroso e elegante. Ela nunca viu um puma na vida e afirma que gosta muito de gatos porque são elegantes e gentis, mas também fazem o que lhes convém de forma muito independente. Para ela, o puma é um gato particularmente digno. Em retrospectiva, acha que o puma pode ter sido uma ideia de grandeza, pois os porquinhos e os gatinhos estariam muito mais próximos dela, mostrando mais os aspectos que a caracterizam.

O leitão a fez lembrar experiências de sua infância, durante a qual passava as férias com a avó. Elas visitaram um fazendeiro onde uma porca tinha acabado de dar à luz. O fazendeiro colocou um porquinho nos braços da menina, e ela acariciou o animal como se fosse um gatinho. Ela achou o porco muito fofo.

Uma de suas primeiras lembranças mostra a avó olhando para ela com uma expressão radiante, dando-lhe um beijo e dizendo: "Você é minha porquinha". Ela se lembra dessa cena como um carinho extraordinário e associa essa expressão com os porquinhos que achava tão fofos.

"Gatinha" é um apelido que seu parceiro lhe deu. Ela gosta desse apelido, mas sabe que ele reflete apenas um lado de sua natureza. A autoimagem expressa no animal é caracterizada pelos aspectos que a avó e o marido adoravam nela. A própria analisanda reconhece, acima de tudo, o aspecto lúdico-sexual nos dois animais.

O porco e o gato são animais da Grande Deusa, que também é a Grande Mãe, entre outras coisas – essa é a conexão com a avó. O porco pertence à deusa-mãe Deméter, simboliza sua fertilidade e, portanto, também pode se tornar um símbolo de felicidade. A depender do fato de serem domesticados ou selvagens, os gatos pertencem às deusas egípcias Bastete e Sacmis, que aparecem como gatos ou leoas, ou são atraídas por esses animais. A escolha dessas espécies para representar seu lado animalesco deixa bem claro que a analisanda está numa fase da vida em que o desenvolvimento do feminino e a identificação com o feminino-animalesco em toda sua ludicidade erótico-sexual são importantes. Além disso, fica claro o anseio pelo relacionamento representado pela avó. Os animais são vistos em sua forma jovial e brincalhona; portanto, ainda estamos lidando com um estágio inicial no qual o desejo pela leveza juvenil se expressa naturalmente. É provável que imagem-alvo seja o puma, mas este não corresponde à experiência do momento em questão.

A imagem da ilha mostra que a analisanda também pode se apresentar como bastante "acidentada"; no entanto, quem souber como atracar nessa ilha encontrará uma belíssima praia de areia. Por trás de uma maneira bastante rude de se apresentar – que contrasta com a ideia de si como um lariço –, escondem-se muita suavidade e ternura. Essa rudeza pode estar relacionada ao fato de a analisanda se mostrar bem indefesa diante de ataques vindos por ar. Mas ela sabe – ou deseja – que as pessoas possam cair em si por causa dela, apenas por seu jeito de ser, talvez justamente por ela ser rude. Isso também significa que ela pode ser bem demarcada, embora tenha uma praia de areia e um prado verde a oferecer. Entretanto, não está protegida contra o que vem de cima.

De início, a analisanda produz muitas imagens para o motivo do palco, e alguns outros lados se tornam visíveis; a princípio, ela não quer se limitar a duas figuras. Se considerarmos o modo como ela uniu o porco e o gatinho para formar um gatinho-porquinho, podemos supor, a despeito da reformulação muito criativa com a qual ela consegue se identificar, que ela não está interessada em confrontos conflituosos e prefere se concentrar em integração. Em seguida, concentra-se na mulher elegante e na mulher que usa *jeans*, o que obviamente personifica dois lados importantes dela mesma.

Ela diz estar muito familiarizada com a mulher de *jeans*, afirmando que esse é o seu lado prático, o qual fica muito orgulhoso ao trabalhar em seu jardim. A imaginadora também torna a vida difícil para si mesma.

Neste momento, a mulher elegante a fascina mais,

> ela irradia certa maldade, certo erotismo e sexualidade; não se preocupa com o amanhã, com as consequências de suas ações; ela é independente. Eu perdi completamente essa vida aos 20 anos, só vivia de *jeans* e acreditava que uma mulher deveria ser capaz de ir direto ao ponto, que a "sedução" era desonesta.

As frases que as duas lançam uma contra a outra fazem sentido para a imaginadora: ela tem medo de se perder no mundo das aparências, que a encanta, mas também tem medo de ficar presa à crosta terrestre. A mulher elegante demonstra ser muito confiante, deixando claro que não se resume ao vestido sofisticado, que não se identifica com a persona da mulher fina, mas pode usar esse tipo de roupa se quiser. Mostra-se como a pessoa que tem mais opções na vida, inclusive a coragem de fazer algo extravagante. As duas figuras podem se apresentar, mas também se rejeitam persistentemente.

Minha intervenção pretende provocar uma mudança no equilíbrio de poder por meio de novas figuras que possam intervir no projeto. Intervenho porque sinto que o confronto é muito angustiante e, portanto, não pode ser ignorado.

A imaginadora traz figuras para julgar esses dois lados; portanto, ela se preocupa com ambos e com a forma como são vistos e aceitos por outras pessoas. Isso traz à tona a interessante sugestão de que o pai sempre esteve verbalmente do lado da mulher de *jeans*, mas emocionalmente teria preferido uma mulher sofisticada. Como a analisanda menciona, esse pode ser um dos motivos pelos quais ela mesma não sabe qual lado deve privilegiar e tem a impressão de que precisa escolher um e rejeitar o outro.

Somente uma nova intervenção traz uma solução – talvez rápida demais. Agora, ela mesma se veste de forma "casual"; provavelmente integrou algo das duas mulheres, e é por isso que elas conseguem se retirar.

As imagens desses motivos mostraram aspectos diagnósticos essenciais da autoimagem, mas também levaram a analisanda a lidar consigo mesma de uma maneira completamente nova. Além disso, essa sequência de imagens mostra com clareza como as lembranças, as experiências atuais e as imagens de anseio são vivenciadas como tais e como se fundem umas às outras.

7.2 Desejo e realidade

Em especial quanto à autoimagem, sempre surge a pergunta se se trata de uma imagem de anseio – talvez até mesmo uma ideia de grandeza que nunca poderá ser realizada – ou uma imagem que corresponde às possibilidades reais, a qual nos diz: "Isso é o que você é no momento", ou que retrata uma meta possível de se realizar – uma imagem concreta de anseio de nós mesmos, por assim dizer.

Possíveis instruções imaginativas para abordar esse tópico:

> Imagine uma árvore.
> Dê uma boa olhada nela e em seus arredores.
> Tente se ver como essa árvore por um tempo.
> Observe suas sensações.
> Agora, observe a árvore de fora.
> Em seguida, desligue-se da imagem e imagine uma árvore que você admira, que é muito especial para você.

As imaginações a seguir são de uma mulher de 54 anos que sofre de distúrbios abdominais funcionais difusos. Na sexta sessão de análise, tento fazer uma imaginação com ela – por iniciativa minha, porque eu queria obter mais informações sobre sua anamnese. Peço que ela imagine uma árvore.

Ela vê uma araucária, uma conífera da Austrália e da América do Sul, árvore que alcança até setenta metros de altura e tem sementes farinhentas que também podem ser usadas como alimento; sua madeira é usada na construção naval. A mulher descreve:

> "A araucária é alta e tem galhos amplos não muito numerosos, mas que se estendem o suficiente para que se possa ver através deles. Vejo um tronco muito fino e folhas verde-escuras; essas folhas são perenes, muito escuras, quase pretas. Portanto, essas folhas são muito importantes."
>
> Peço que a mulher se coloque no lugar da árvore. Ela conta: "Sinto-me esbelta, esticada em mim mesma, alcanço o céu e me sinto muito ampla. Também tenho raízes grandes e ramificadas. Estou sozinha..." E então, assumindo a posição de observadora, ela diz: "Essas árvores também estão sozinhas". Ela está me dizendo algo essencial sobre si. Peço então que imagine uma árvore que ela admira, ao que responde: Sim, mas essa é uma árvore que eu admiro, a araucária.

Portanto, quando solicito que imagine uma árvore, ela imagina uma árvore admirada. Então, peço que imagine uma árvore comum. Ela vê uma faia de cobre, bonita, alta, muito antiga, muito robusta, de tronco grosso e firme.

Solicito que descreva os dois sentimentos. Quando se imaginam duas árvores, é possível analisar os sentimentos que uma e outra provocam.

A resposta dela:

> A faia de cobre transmite a sensação de querer olhar mais para baixo, para dentro de mim mesma; de querer me abrigar, recolher. Quero reunir em meus galhos tudo que amo e que se sente confortável comigo. Como faia de cobre, não estou tão sozinha; é muito mais aconchegante. Como araucária, sinto-me mais atraída pelo céu, mais transparente, mais permeável; tenho a sensação de que preciso levar tudo comigo, de que quero levar tudo para o alto.

Agora, de repente, a árvore comum se torna uma árvore admirada. Isso pode significar que a analisanda precisa estar sempre à frente de si mesma, que não se permite ser comum e precisa ser admirada – ela imagina uma árvore maravilhosa. Trata-se da questão de ser capaz de estar à frente de si; em outras palavras, consiste no problema de se sobrecarregar, de ter que representar algo o tempo todo.

Os distúrbios abdominais funcionais podem estar relacionados à sobrecarga mental. Essa demanda excessiva também pode ser um incentivo. A pergunta é: essa mulher tem ou não tem força suficiente para atender à demanda? Nesse caso, é importante saber se a imaginadora percebe que está transformando a árvore comum numa árvore admirada. Isso ocorre no momento em que peço que imagine uma árvore que ela admira. A outra pergunta é se a analisanda menospreza a árvore comum. Ela menospreza o "normal" – neste caso, a faia de cobre, que, na verdade, parece muito ser aconchegante e muito harmoniosa. Ela a menospreza porque falta algo? Alguma coisa espetacular?

Nas palavras da analisanda, a araucária expressa a sensação de poder crescer em direção ao céu, alcançar a transcendência. Há também uma certa leveza associada a essa árvore, que, embora bem enraizada, está sozinha. Esse "eu estou sozinha" – na identificação com a araucária – gera medo; como resultado disso e para superar esse medo ela assume a posição de observadora. Essa mudança de identificação é muito importante.

Quando ficamos com medo em nossa imaginação, imediatamente damos um passo atrás: assumimos o papel de um observador. Em geral, isso acontece de forma involuntária. No entanto, também podemos nos lembrar da seguinte estratégia: se houver medo, olhar com atenção costuma ajudar.

A analisanda não está sozinha na vida, ela tem uma família. Talvez essa araucária não expresse solidão; provavelmente, trata-se mais da alegação de querer sobreviver à vida sozinha, quem sabe no sentido de uma ideia corajosa de grandeza, que pretende provocar admiração. Além disso, teríamos um crescimento impressionante no mundo, mas que, ainda assim, seria "normal" – nada fora do comum. No entanto, parece-me que essa araucária independente, que é leve e se conecta com a transcendência, anuncia uma nova forma de existência para os últimos anos da analisanda. Os desejos simbióticos são sacrificados e, com eles, o desejo de abrigar tudo.

Ao tematizar a imagem de anseio por meio da instrução de imaginação, é possível estimular uma discussão entre as imagens mais próximas do mundo dos desejos e aquelas próximas da realidade concretamente vivenciada. Assim, os anseios se tornam visíveis em seus possíveis perigos, bem como em seu tema central, o que ajuda a superar o problema vigente.

Parece-me essencial que não descartemos prematuramente as imagens de anseio como irrealistas, como ideias de grandeza, castelos nas nuvens, mas encorajemos os imaginadores a entrar em contato com essas imagens para que elas possam ter algum efeito, para que ao menos o potencial de esperança contido nelas possa ser absorvido.

8
Dicas para a interpretação

As imaginações podem ser "interpretadas" como os sonhos. Mas, assim como estes, elas também funcionam sem interpretação porque são vivenciadas e percebidas da forma mais vívida possível.

Por vezes, sobretudo quando se imaginam motivos, existe a necessidade de entender essas imagens, esses processos de formação de símbolos. Em tais processos, como na interpretação de sonhos preconizada por Jung, reúnem-se as ideias do imaginador sobre as imagens individuais (Kast, 1987d). Dessa forma, as imagens da imaginação são vinculadas às da vida cotidiana, bem como às lembranças e expectativas; são, portanto, inseridas no presente contexto de vida, incluindo as dificuldades que se manifestam, por exemplo, em constelações complexas. Além disso, os símbolos podem ser vinculados ao seu significado cultural coletivo, ao significado que sempre tiveram na história humana e como são transmitidos a nós por meio de mitos, contos de fadas, arte, história religiosa etc. Assim, as referidas imagens podem ser vinculadas a seu significado cultural coletivo. Isso insere essas imagens da imaginação em contextos humanos mais amplos. Os problemas nelas abordados não são apenas nossos, mas problemas com os quais todas as pessoas precisam lutar. Uma interpretação é particularmente satisfatória quando tem como tema uma experiência, na relação analítica, que é perceptível – e se reflete no símbolo – quando essa experiência atual e a imagem revelam uma conexão histórica com a vida e, ao mesmo tempo, o contexto humano geral é esclarecido. É precisamente a inserção do símbolo no contexto mais amplo da vida que abre novas perspectivas de experiência e compreensão.

Os símbolos são objetos do mundo da percepção; no entanto, esse é apenas seu aspecto superficial; eles contêm referências a coisas que se escondem nos bastidores, que ainda não vieram à tona, ainda não são conscientes ou simplesmente foram esquecidas. Em uma atitude de simbolização, expressamos que, para nós, o mundo interno e o mundo externo são dois lados da mesma moeda. Além disso, também expressamos que as coisas no mundo não apenas são, não apenas existem, mas também significam algo.

Podemos estar perto de um rio, vê-lo, analisar sua vazão, julgar a poluição que há nele etc. Mas o rio também pode nos fazer nos perguntar se sua vida está em fluxo. Podemos desenvolver um desejo de estar "em fluxo" ou refletir de forma um pouco mais melancólica sobre a transitoriedade da vida. Nesse caso, teremos assumido uma atitude de simbolização. Se o mundo também tem um significado simbólico, isso implica um envolvimento emocional. O mundo não somente existe, nós lhe damos significado. Não existe apenas o mundo externo, mas também o mundo interno – e eles interagem.

C.G. Jung afirma:

> Um conceito ou uma figura são simbólicos quando significam mais do que indicam ou expressam. Eles têm um aspecto abrangente 'inconsciente' que nunca se deixa exaurir ou definir com exatidão (OC 18/1, § 417).

Esse aspecto inconsciente, o pano de fundo, pode ser muito misterioso: é uma expressão do completamente diferente, até mesmo insondável, que nos enche de curiosidade e anseio; são imagens do estranho que nos tiram do familiar; elas nos atraem, fascinam e assustam. No símbolo, o mundo fala de tudo o que ele mesmo já foi. Os símbolos abrem a história pessoal para a história da humanidade.

Os símbolos são sobredeterminados, fazem parte de uma rede complexa, e é por isso que sempre podemos olhar novamente para um deles e encontrar novos significados. O símbolo fala também do mundo como ele será. Dependendo do contexto, o significado do símbolo muda, assume novas formas, e as conexões emocionais associadas a ele também mudam. A propósito, parece ser possível identificar nos sonhos muitas conexões diferentes, até mesmo contraditórias entre si; os sonhos estabelecem mais conexões do que a vida desperta.

Como em todos os processos imaginativos, podemos encontrar lembranças e expectativas nos símbolos:

eles repetem o que experimentamos, o que aconteceu conosco (complexos), ocasionalmente também o que a humanidade experimentou e superou e o que se reflete nos produtos culturais (arquétipos). Ademais, revelam nossas possibilidades. Eles são, na verdade, projeções de nossas possibilidades imaginárias de lidar com o mundo.

No entanto, os símbolos não apenas se repetem, mas também mudam mediante um processo de auto-organização, permitindo que vivenciemos significados e emoções. Como os símbolos têm um excesso de significado e nunca podem ser explicados na íntegra, somente com o passar dos anos é que emoções significativas podem estimular novas tentativas de compreendê-los.

No caso de imaginações que se estendem por muito tempo, ou seja, que produzem uma história, parece-me sensato tentar entender a série de imaginações quando essa história é autônoma. No entanto, também procuramos entender quando a imaginação se mantém estagnada durante um período mais longo.

9
Complexos e episódios de complexos

9.1 Temas de inibição e desenvolvimento

O fato de nossas imagens internas sempre tocarem em questões de inibição e desenvolvimento se evidencia quando fazemos uma conexão teórica entre os complexos, como C.G. Jung os entendia, e nossa imaginação. Jung diz que os complexos desenvolvem uma atividade imaginativa peculiar; durante o sono, a imaginação aparece como sonho, mas, mesmo quando estamos acordados, continuamos a sonhar sob o limiar da consciência por causa dos "complexos reprimidos ou inconscientes" (OC 16, § 125). Já em 1916, Jung se referia aos conteúdos emocionalmente ressaltados como ponto de partida das imaginações (formações de fantasia, sequências de imagens) e da formação de símbolos. Os complexos são centros de energia construídos em torno de um núcleo de significado ressaltado pelo afeto, supostamente causado por uma colisão dolorosa do indivíduo com demandas ou eventos no ambiente com os quais ele não consegue lidar. Cada evento semelhante é interpretado em termos desse complexo e o reforça: o tom emocional (a emoção) que constitui esse complexo é mantido e até intensificado (cf. OC 3, §§ 77-106). Assim, os complexos caracterizam as áreas propensas a crises no indivíduo. Como centros de energia, entretanto, eles têm certa atividade – expressa na emoção – que, em grande parte, constitui a vida psíquica.

Os complexos impedem o desenvolvimento pessoal do indivíduo na área que tematizam, mas também abrigam as sementes de novas possibilidades de vida (cf. OC 8, § 63). Essas sementes criativas são reveladas quando aceitamos os complexos, quando permitimos que eles fantasiem. Todos nós temos complexos; eles são uma expressão de questões problemáticas em nossa vida, constituem nossa disposição psicológica, da qual ninguém pode escapar. Os símbolos e as representações simbólicas, combinados com as respectivas emoções, são tanto uma expressão dos complexos quanto um lugar onde se pode processá-los.

Os sonhos e a imaginação trabalham com os complexos. Portanto, é possível concentrar-se em uma emoção predominante e, assim, obter uma imagem da situação psicológica que a desencadeou. Um exemplo:

> Um homem de 26 anos afirma sentir muita raiva. Não há nenhuma causa externa para isso, mas ele afirma que seria capaz de "estraçalhar o mundo". Peço que se concentre na raiva, talvez surja assim uma imagem. Ele diz: "Estou numa casa, que mais parece ser uma cabana. As pessoas estão vindo de todos os lados e atacando essa cabana. Eu revido, mas não consigo acompanhar o ritmo dos ataques. É como num filme de suspense: eu obstruo a porta com uma cômoda, e então eles

> entram pela janela; eu os jogo para fora, mas não consigo fazer mais nada. E agora estou apavorado: o que eles vão fazer comigo?"

Agora não se trata apenas de uma raiva enorme: o homem raivoso está "ciente" do motivo dessa raiva. Ele se sente ameaçado de todos os lados e, na verdade, tem muito medo, o qual afasta "heroicamente" com a própria raiva. A imaginação o ajudou a entender seu medo, pois antes ele estava convencido de que nada o amedrontava. É claro que cada "atacante" também deve ser compreendido em termos de seu significado. Algo que assalta a porta com tanta força provavelmente ficou trancado do lado de fora por muito tempo e quer entrar na cabana, seu espaço de vida. Há ainda um episódio de complexo por trás disso.

9.2 O episódio de complexo como experiência relacional

Visto que os complexos resultam de choques dolorosos, eles são uma expressão de experiências relacionais difíceis e disfuncionais. Essas experiências se constelam repetidamente na vida cotidiana; vez após vez, fatos semelhantes se fazem nos relacionamentos, inclusive no terapêutico. Se essas experiências forem perturbadoras no dia a dia – por exemplo, "Eu continuo sofrendo a mesma rejeição, o mundo simplesmente decidiu acabar comigo" –, elas são bem-vindas na relação terapêutica: um problema relacional importante é revelado e, agora, pode ser mudado. Um exemplo:

Um jovem de 24 anos se considera uma "merda", e as pessoas com quem convive não são melhores que isso. Ele combina muitas palavras corriqueiras com o termo "merda", como "professores de merda" que não lhe deram uma chance, "políticos de merda" que não fazem ideia do que as pessoas precisam, "mulheres de merda" que não lhe dão atenção...

Evidentemente, essas constelações de complexos têm uma história. A proposta é que procuremos episódios na biografia de uma pessoa que possam explicar seu comportamento relacional disfuncional. Tais episódios são breves narrativas de cunho emocional. Em geral, são histórias que machucaram – em muitos casos, não aconteceram em ocasião única, mas se repetiram várias vezes de modo parecido – e eventualmente se transformaram e concentraram em um relato único (cf. Kast, 2008c).

O moço conta como o pai, especialmente quando estava bêbado, chamava-o de "merda", de "seu merdinha". O rapaz havia se esforçado muito para agradar esse pai, mas não obtivera êxito. E então, o jovem apresenta um relato que ilustra como esse episódio de complexo pode ter se formado.

> Eu tinha uns 10 anos de idade. Meu pai já estava fora de casa havia dois dias, e nós sabíamos que ele voltaria bêbado. Minha mãe e meus irmãos se esconderam, desapareceram para que nada de ruim acontecesse com eles.
>
> Eu cuidava dos animais [meu pai era um pequeno fazendeiro, V.K.] e trabalhava muito, organizava tudo de um jeito muito melhor que o dele.

> Pensei: “Por mais bêbado que ele esteja, precisa ver isto!” Ele veio, e eu o deitei na cama – ele não conseguia ver nada.
>
> No dia seguinte, ele acordou mal-humorado, entrou no estábulo e começou a me xingar: “Seu merdinha, você arruinou todo o meu gado. Você nunca vai prestar pra nada. E você também roubou todo o meu dinheiro. Eu bem que poderia fazer uma denúncia à polícia”. Fiquei arrasado; sequer entendi quais tinham sido as intenções dele ao me acusar de ter arruinado o gado. E eu certamente não havia roubado o dinheiro dele.
>
> Quando as coisas voltaram ao normal, achei que meu pai me diria alguma coisa boa, mas isso nunca aconteceu. Nunca! A situação piorou quando um professor também me disse que eu era um “merda”. Na época, não compreendi aquilo – e imediatamente ouvi meu pai. O professor ressaltou que eu ia para a escola com as roupas que usava no estábulo e que eu fedia.

O que o jovem descreve é um episódio de complexo. O garoto queria ajudar o pai e se esforçava na expectativa de receber um elogio paterno. O pai não lhe agradece, mas o repreende, desvaloriza e achincalha, provavelmente para reprimir sua própria vergonha.

O episódio descrito aqui decerto não é uma experiência isolada; é muito provável que tenha havido experiências semelhantes no passado. Conforme foi dito, em geral, os episódios que podem ser relatados são histórias nas quais muitas experiências parecidas se fundiram em uma única narrativa que é psicologicamente “verdadeira”.

Portanto, esse é o episódio que o jovem consegue narrar e que nos permite desenvolver empatia por ele.

Ao contar a história, o rapaz também se identifica com o garoto e acredita que aquela tenha sido uma situação muito difícil para uma criança de 10 anos. Em seus monólogos, porém, ele se identifica com o lado paterno desse episódio de complexo. De fato, ele é muito bem-sucedido em sua profissão; mas, quando algo dá errado, diz a si mesmo que, devido ao seu histórico, nunca terá sucesso. Ele pensa em fazer cursos adicionais, mas afirma para si que isso é megalomania e que nunca conseguirá alcançar nada. Quando acha que está sendo ignorado no trabalho – e essa é uma ideia recorrente –, ele alega que é, sempre foi e sempre será "um merdinha".

No entanto, em seu relacionamento com outras pessoas, esse jovem também se identifica com o pai observado em seu episódio de complexo: ao rotular tantas pessoas como "merda", "mulheres de merda" etc., recorre à linguagem paterna e ao desprezo associado a ela. Como resultado, o rapaz está sozinho em um mundo que ele mesmo desvalorizou. Esses episódios de complexo podem ser processados de forma imaginativa (cf. cap. 13 desta obra). Entretanto, também fazem com que as ideias negativas sobre nós mesmos afetem nossa qualidade de vida.

10
A capacidade de controle do eu em relação às imagens internas

Sabemos que há imagens as quais não conseguimos tirar da cabeça, elas nos perturbam e assustam. Existem métodos para lidar com essas imagens e conteúdos. A maioria vem de nossos sonhos noturnos (cf. Kast, 1996, p. 190ss.; 2009b, p. 52). Muitos sonhos tratam de coisas ameaçadoras, de situações que nos assustam. Às vezes, acordamos de um sonho aterrorizante, mas é muito mais frequente que o próprio sonho lide com o medo e o faça desaparecer – então, podemos voltar a dormir. Nós nos lembramos de alguns desses sonhos e podemos aprender a lidar com o medo, com ideias que nos aterrorizam.

Quais comportamentos nos ajudam a superar os medos? Observar atentamente, perceber com precisão e depois distanciar-se. Às vezes, desacelerar a cena é útil.

Há casos nos quais uma cena que desencadeia muita ansiedade se transforma num filme, num vídeo ou até mesmo numa imagem fixa. Este método para reduzir a ansiedade pode ser adotado na imaginação: se uma imagem nos assusta demais – mesmo que consigamos observá-la com atenção, descrevê-la, falar sobre ela – existe a possibilidade de afastá-la um pouco, transformá-la numa espécie de filme ou fotografia. Tal método tem a vantagem de tornar a coisa assustadora em algo que podemos manusear à vontade. Assim recuperamos certo controle. Até mesmo pequenas alterações na imagem podem ajudar: podemos ampliá-la ou reduzi-la, transferir a onça predadora para o segundo plano etc. Essas possibilidades de controle da imagem, que encontramos em nossos sonhos, conscientizam os imaginadores de sua autoeficácia – não estamos apenas à mercê das imagens. Isso é especialmente importante em relação às imagens ligadas a situações traumáticas.

10.1 Interromper imagens negativas

Costumamos fazer afirmações negativas e frequentes sobre nós mesmos ou temos ideias negativas ao nosso respeito. Geralmente, não nos valemos dessas afirmações na comunicação com outras pessoas, mas as utilizamos quando nos dirigimos a nós mesmos. São afirmações do tipo: "Eu sou um nada", "Nunca serei importante", "Seria melhor se eu nunca tivesse nascido", "Não consigo fazer nada, sou sempre atropelado" etc. Essas afirmações estão ligadas a episódios de complexo, a experiências relacionais e emocionais difíceis. Muitas vezes, não nos damos conta desses autojulgamentos, mas eles mudam nosso humor. O humor alterado, desanimado ou resignado, por sua vez, faz com que vejamos tudo de forma mais sombria, com que nos sintamos mais impotentes; então, o mundo assume um caráter ainda mais ameaçador.

Caso essas afirmações de autodesprezo também sejam vistas na forma de imagens, elas são vivenciadas de forma mais próxima ao eu e podem nos impedir de imaginar aspectos mais positivos. Em vez de experimentar novos comportamentos na imaginação ou de nos sentirmos capazes de antecipar a vida de modo satisfatório, a imaginação se torna um meio de minar ainda mais nossa autoestima. Entretanto, isso sempre indica que uma figura interna, geralmente representante de um complexo, exerce muito poder sobre o complexo do eu; assim, o diálogo entre o eu e essa imagem interna é interrompido.

Portanto, pode ser útil aprender a lidar com as imagens que nos parecem negativas e conseguir detê-las, isto é, preservar ou desenvolver certa capacidade de controlar essas imagens internas do eu. Se formos capazes de interromper nossas imagens destrutivas, poderemos lidar com elas. Interromper imagens que constantemente diminuem e desvalorizam o eu é uma técnica desenvolvida sobretudo na terapia comportamental. Os terapeutas que seguem essa linha buscam, aos poucos e por meio da imaginação, apresentar as pessoas ao comportamento por elas desejado. O relaxamento desempenha um papel muito importante nesse processo e cada etapa de imaginação é planejada por meio de uma análise sutil desse comportamento. Além disso, as imaginações são praticadas também em casa. Obviamente, esse tipo de abordagem exige que o comportamento desejado seja imaginado e que uma imaginação induzida pelo medo não venha a expressar de súbito justamente a incapacidade do imaginador.

Cautela e McCullough (1986, p. 308) descreveram uma "tríade de autocontrole": com essa ajuda, os clientes conseguiram reduzir os processos de pensamentos negativos e substituí-los parcialmente por pensamentos positivos. Essa tríade de autocontrole envolve uma combinação de interrupção de pensamentos, relaxamento e reforço encoberto. Quando o imaginador percebe que está imaginando imagens negativas, ele é instruído a gritar "pare" e, se necessário, imaginar um sinal vermelho e relaxar respirando profundamente. Então, vem o "reforço encoberto", ou seja, ele deve imaginar uma cena agradável. As etapas individuais são treinadas e, segundo Cautela e McCullough (1986, p. 309), podem ser usadas "a qualquer hora e em qualquer lugar", de olhos abertos ou fechados, quando o cliente ficar ansioso ou tiver um pensamento negativo – enquanto dirige, durante discussões, quando se sente tentado a comer demais etc.

Essa tríade de autocontrole realmente ajuda. Quando trabalhamos com a psicologia profunda, nós a aplicamos de forma ligeiramente distinta: a ordem de "parar" é dada da mesma maneira como Cautela sugere; já o modo como se imagina essa ordem fica a cargo do indivíduo.

Então perguntamos: "Quem está irritando você nessa situação, quem está falando tão negativamente a seu respeito? Observe com mais atenção". Quando essa imagem é identificada, usamos a respiração profunda para relaxar o corpo; uma imagem de relaxamento pode ajudar o imaginador a recuperar o equilíbrio. Normalmente, em um estado não imaginativo, discutimos como lidar com essa imagem, quais estratégias podem ser usadas para isso e o que essas imagens negativas significam.

Existem também imaginações que, a despeito de serem percebidas como negativas, não precisam ser transformadas, mas apenas analisadas e aceitas. Elas só devem ser interrompidas se os julgamentos negativos aumentarem e afetarem a autoimagem.

10.1.1 Um exemplo da prática terapêutica

Um aluno talentoso sofre de grande ansiedade antes de uma prova. Ele se preparou muito bem para essa avaliação porque se conhece e tem consciência de seu problema. Ele tem a impressão de que nunca será uma pessoa bem-sucedida. Peço-lhe que imagine a situação da prova e também essa noção de que nunca terá êxito.

> "Eu me vejo na situação da prova. Estou suando, o suor está escorrendo por todo o meu corpo. Minha barba está crescendo. Estou pálido e, à medida que minha barba preta cresce, essa palidez aumenta cada vez mais, e minha pele assume consistência e aparência de cera. Estou começando a me encolher. Estou pingando de suor."
>
> Intervenho com a observação: "Agora pare!"
>
> Peço que ele respire fundo e então oriento: "Imagine quem é que está fazendo com que você encolha tanto".
>
> "Estranho", diz. "É um pavão lindo; ele abre a cauda bem na minha frente. Está girando diante de mim, querendo que eu o admire".
>
> Essa imagem lhe provoca uma risada. A risada, por sua vez, faz com que ele volte repentinamente ao tamanho original e se pergunte como chegou a pensar que não conseguiria passar na prova. Afinal de contas, suas autoexigências não precisam ser tão expressivas quanto a beleza desse pavão.

Quando interrompemos as imagens negativas – o que só deve ocorrer caso elas se intensifiquem negativamente –, quando não há mais nenhuma possibilidade de correção dentro da imaginação, isso não significa que tais imagens devam ser simplesmente substituídas por imagens positivas, como aconteceu nesse exemplo.

No entanto, quando as imagens negativas são interrompidas durante a terapia, é comum que o imaginador crie uma imagem agradável para o terapeuta, por assim dizer. Quando ele consegue ver uma imagem positiva, seu humor muda, e o ciclo destrutivo é interrompido. Porém, mesmo que não vivencie imagens construtivas, isso o ajuda a perceber que essas imagens negativas realmente podem ser interrompidas, que ele não está tão somente à mercê delas.

Os pensamentos negativos são interrompidos quando tentamos transformá-los em imagens com emoções correspondentes. Nessa ocasião, nós nos assustamos com essas imagens, sentimos quanto elas são destrutivas e desenvolvemos maior disposição para abandoná-las, se comparado às ocasiões em que nos desvalorizamos e nos vemos de modo semiconsciente, ligeiramente prazeroso, mas também muito sofrido – como vítima.

No entanto, essas imaginações negativas também podem mudar em razão de o terapeuta dizer que é necessária uma pausa a fim de que o imaginador relaxe, visto que o terapeuta pode conduzir uma imaginação de relaxamento que proporcione bem-estar. Isso significa que é possível experimentar uma atmosfera de aceitação e segurança; e essa experiência também tem efeito sobre a imaginação.

10.2 Analisar imagens negativas

É igualmente possível que as imagens negativas sejam interrompidas pelo imaginador e que ele queira substituí-las por imagens positivas, sem reconhecer o significado das imagens, mas também sem que sua autoimagem seja desvalorizada. Isso acontece quando não queremos aceitar certos aspectos de nós mesmos, quando não queremos "vê-los". Também pode se manifestar no fato de as imagens internas ficarem embaçadas, irreconhecíveis, ou de as percebermos sem conseguir encontrar palavras para expressá-las, ainda que, em outra situação, não tivéssemos dificuldades para verbalizar tais imagens.

10.2.1 Um exemplo da prática terapêutica

Um homem de 45 anos imagina uma árvore:

> Vejo uma linda pereira perto da casa dos meus pais. Ela é alta e tem um tronco saudável, mas está sem folhas. Sem folhas! As outras árvores têm folhas, a minha não. Tento ver outra árvore: um carvalho, no alto de uma colina, um pouco mais distante da casa dos meus pais. É inacreditável: as folhas estão ressecadas. É o início do verão.

Ele tenta ver uma árvore normal, mas não consegue. Essa imagem de uma árvore não pode ser simplesmente substituída por outra que ele consiga ver como positiva. Ele precisa analisar: a imagem quer dizer-lhe algo. O homem fantasia que essas árvores possam ter morrido. Depois, ele as considera vigorosas demais para tanto e chega à conclusão de que estão em uma "fase de regeneração no momento errado". Isso lhe parece razoável quando relacionado à sua vida: ele passou anos reorganizando a empresa do pai, introduzindo novos conceitos. Foi muito bem-sucedido, mas agora, num momento errado, como diz, simplesmente não gosta mais do que sempre fez. Precisa de tempo para se regenerar. Essas imagens que nos preocupam devem ser sempre examinadas, a despeito de serem interrompidas ou não, para que identifiquemos o que estão tentando nos dizer.

No entanto, a capacidade de controle não se refere apenas à aptidão para interromper imagens negativas, mas, de modo mais geral, à capacidade do imaginador de lidar com as imagens internas, com os medos por elas gerados, com a estimulação ou a superestimulação que podem causar, de modo que o processo imaginativo não seja interrompido. Portanto, faz sentido aprender certas estratégias para lidar com figuras internas.

11
Estratégias de intervenção

As imaginações causam enorme mudança em nossos sentimentos e ideias quando as imagens são vívidas, quando ocorrem em diferentes modalidades sensoriais, quando realmente as vivenciamos com as nossas emoções e, ao mesmo tempo, temos a capacidade de controlá-las. O que a maioria das abordagens à imaginação tem em comum é o entendimento de que, em um nível médio de excitação – ou seja, nem muito excitado, nem muito entediado –, as emoções podem ser mais bem reguladas por meio de imagens e suas mudanças. No entanto, isso significa que precisamos ser capazes de lidar com a ansiedade. Quanto melhor soubermos lidar com situações difíceis suscitadas por essas imaginações, melhor poderemos permitir que as imagens internas fluam; ou seja, precisamos manter nossa ansiedade dentro de certos limites. Assim, convém aprender algumas estratégias de intervenção.

No processo terapêutico, isso pode ser feito de tal forma que o analista acompanhe a imaginação do analisando; este, então, precisa verbalizá-la e narrá-la continuamente para que o terapeuta possa, a qualquer momento, se necessário, fazer uma sugestão no nível das imagens. Em parte, as dicas provêm da contratransferência, mas também do envolvimento empático com as cenas imaginadas. Com o tempo, essas dicas do analista são internalizadas pelo imaginador, que então pode aplicá-las por conta própria e prescinde da ajuda do analista. Quando lemos exemplos de imaginações fora da terapia, podemos reproduzi-los em nossa mente e, assim, adquirir um repertório de possibilidades de comportamento em situações difíceis. Podemos, então, comportar-nos de maneira bem distinta daquele comportamento descrito no "caso modelo", e essa é a coisa certa a se fazer; o crucial é que venhamos a adquirir um senso de competência ao lidar com situações imaginativas. Também adquirimos essa competência quando lemos contos de fadas, histórias e romances. Mesmo que, ao lê-los, não tenhamos em mente nossos problemas pessoais, as estratégias expressas nesses textos nos acompanham inconscientemente.

11.1 Diferentes possibilidades de lidar com o que assusta

Existe um número infinito de estratégias de intervenção, mas aqui quero mencionar algumas opções fundamentais para obtermos certa segurança ao lidar com as imaginações; dessa forma, perdemos o medo, o que permite que nosso potencial criativo se desenvolva nessas representações imagéticas. Em contos de fadas e sonhos, existem muitas estratégias de intervenção referentes ao medo. Discutirei aqui algumas que me parecem essenciais[5].

5. Neste contexto, Leuner fala de princípios de direção: reconciliação; nutrimento e enriquecimento; estabelecimento de velocidade; confronto, esgotamento e redução; uso do líquido mágico (Leuner, 1980, p. 41ss.).

11.1.1 Olhar para o que é assustador

No conto de fadas *A flor púrpura*, ficou claro que, mesmo que a heroína tenha desmaiado temporariamente, o medo diminuiu depois de ela haver olhado para o monstro – afinal, ela apenas desmaiou, não morreu.

É mais fácil lidar com uma situação difícil se realmente nos concentrarmos nela, se olharmos para ela em vez de desviar o olhar. A propósito, a instrução para a imaginação corresponde a esta consideração básica: "Imagine o seguinte:... Observe com atenção. O que você vê?"

Olhar para algo ou alguém sempre significa se conscientizar, aceitar, não ignorar, não reprimir. Especialmente quando olhamos nos olhos de animais em nossas imaginações, isso indica que não estamos apenas tentando banir esse animal por meio do nosso olhar, mas que reconhecemos sua existência (cf. Maass, 1984).

Em nossa imaginação, é claro que não somos ameaçados apenas por animais, mas também por pessoas que talvez sejam muito altas ou muito mais fortes do que acreditamos ser. Às vezes, somos ameaçados por figuras que não conseguimos reconhecer – porque estão mascaradas, por exemplo.

11.1.2 Reconhecer o que assusta

Ao lidar com o que causa medo na imaginação, precisamos primeiro reconhecer o que nos assusta, fitá-lo com atenção e admitir esse medo. Assim, encaramos nosso medo, aquilo que percebemos como ameaça, e permitimos que tal ameaça, que costumamos rotular como "maligna", exista. O medo tem a função de nos alertar para o fato de que nos sentimos ameaçados e devemos encontrar e aplicar medidas para remediar a situação.

Embora seja muito importante desenvolver a coragem de ter medo (Jaspers), porque sem ela não conseguimos enfrentar o mundo, imaginar também significa descobrir nossos limites quanto a suportar o medo. Para tanto, precisamos perceber em quais situações ficamos amedrontados.

11.1.3 Identificar o aspecto que inspira confiança

Essa postura exige supor que determinada figura não seja totalmente má e que, na verdade, a imagem do nosso medo é o que a faz parecer assim.

Nos contos de fadas, essa atenção a um aspecto que inspira confiança pode ser vista no fato de o herói ir até o diabo e agarrar-se à avó deste (cf. conto *Der Teufel mit den drei goldenen Haaren*, em Kast, 1987a), ou chamar de "mãezinha" a figura de Baba Yaga enquanto ela afia os dentes para comê-lo, de modo que esse vocativo desperta em tal figura os sentimentos mais maternais, além de levá-la não só a cozinhar para ele em vez de comê-lo, como a dar-lhe conselhos importantes (cf. Jacoby et al., 1985, p. 24ss.). Tal estratégia indica que podemos nos dirigir aos diferentes aspectos da vida e do ser de uma pessoa; o que abordamos em alguém por meio de nossa fala e de nossas expectativas geralmente determina como ele reage a nós. Isso também se aplica à imaginação.

No entanto, essa estratégia exige que conheçamos nossos medos e temores, ou seja, que saibamos também em que aspectos nosso interlocutor pode ser uma ameaça para nós a ponto de tentarmos, plenamente conscientes do perigo, evocar os lados positivos dessa figura. Jamais deveríamos acreditar ingenuamente que todas as figuras internas têm intenções boas. Precisamos analisar com cuidado o que nos ameaça e, mesmo assim, evocar os possíveis lados positivos.

11.1.4 Resolver por meio do confronto

Quando estamos bem-equipados, conseguimos lutar. Os heróis dos contos de fadas só partem para a luta após uma longa "caminhada de busca", uma viagem de desenvolvimento, depois de terem vencido uma série de provas. Quando – e comumente isso acontece no fim do conto – são confrontados com uma questão decisiva, em geral algo que motivara muitas situações problemáticas pelas quais passaram, eles lutam (cf. conto *Die zwei Brüder*, Grimms Märchen, vol. 1 [daqui em diante, GM 1], pp. 420-450).

11.1.5 Resolver por meio da astúcia

Para agir com astúcia, é preciso reconhecer as estratégias do adversário e estar à frente dele. Quando conseguimos usar a astúcia, isso sempre significa que também conhecemos nossos lados "maus" e temos uma fantasia capaz de identificar o mal naqueles que nos cercam ou nas diferentes figuras que habitam nosso mundo interior.

No entanto, o uso da astúcia impõe que não soframos demais com o nosso medo. Poder recorrer a um ardil consiste em ter uma ideia criativa para determinada situação. Quando o medo nos paralisa, não temos como nos valer de uma fantasia criativa.

11.1.6 Fugir

Quando não conseguimos amansar as figuras ameaçadoras evocando seu lado bom, quando não temos a possibilidade de lutar ou de nos defender com a ajuda de uma artimanha, precisamos fugir. Na imaginação, fugir significa que nós nos desligamos das imagens, que abrimos os olhos e conversamos sobre aquilo que nos assustou tanto. Dependendo da situação, podemos então imaginar uma imagem de relaxamento e discutir estratégias para lidar com a ameaça; em seguida, podemos enfrentar a situação mais uma vez por meio da imaginação.

11.1.7 Usar objetos mágicos

Às vezes, mudanças essenciais que, sob certas circunstâncias, podem se expressar em uma fuga, são causadas por objetos ou líquidos mágicos.

Um dos objetos mágicos mais conhecidos é a varinha de condão (cf. conto *Der liebste Roland*, GM 1, pp. 388-393; Kast, 1993, pp. 103-129). Sendo, de modo usual, pertencente à bruxa, a varinha mágica pode ser roubada por sua filha fugitiva; no entanto, a filha só consegue fugir se tiver posse dessa varinha. Nesse objeto mágico, materializa-se a esperança de que um desejo seja capaz de mudar o nosso mundo, de que sempre existam soluções criativas enquanto acreditarmos nelas e estivermos dispostos a buscá-las.

No conto de fadas, a varinha mágica é conquistada quando o herói permanece tempo suficiente na presença da bruxa, dona da varinha, ou seja, ele adquire a energia e a potência para a mudança diante de determinada situação justamente por meio da exposição a essa situação, em condição emocionalmente difícil. Um dia, ele decide mudar tal circunstância ou evitar determinado comportamento.

Os contos de fadas nos falam também de capas de camuflagem que podem ajudar o herói a fugir, de botas de sete léguas ou mantos que permitem voar, e assim por diante.

Parece-me difícil usar esses objetos na imaginação. É possível que o imaginador tenha trabalhado em um problema há muito tempo e que esses objetos mágicos tenham chegado até ele durante a elaboração imaginativa desse problema. Assim, é claro, eles podem ser usados. No entanto, como terapeuta, eu não recorreria a eles numa intervenção, pois isso significaria usar um truque para superar uma dificuldade.

Quando apenas um objeto mágico parece poder ajudar, prefiro interromper a imaginação, abordar o problema, discutir estratégias e neutralizar a situação ao perceber que a questão causadora de ansiedade pode ser enfrentada com minha ajuda. Entretanto, se esses meios forem vistos e usados pelo próprio imaginador, não há nada de errado com isso. O que vemos faz parte de nós.

Alguns dos líquidos mágicos frequentemente mencionados nos contos de fadas estão mais próximos de nossa experiência do que os objetos mágicos. Entre esses líquidos, a água curativa desempenha um papel particularmente importante. Quando os heróis estão vagando cegos pelo mundo há algum tempo, alguém ou uma "coincidência" lhes diz que o orvalho da manhã lhes devolverá a visão (cf. conto *Das weisse Hemd, das schwarze Schwert und der goldene Ring*, em Kast, 1996, p. 130ss.).

Em outros contos de fadas, os heróis encontram uma fonte de água. Quem quer que lave os olhos com essa água recupera a visão. Entretanto, a água da fonte também pode se transformar de outras maneiras: em *Irmãozinho e irmãzinha* (GM 1, pp. 91-101), o irmão mais novo, que bebe de uma fonte enfeitiçada, é transformado num filhote de cervo. A pergunta é: quem cuida dessa fonte? Uma fada que está a serviço da vida ou uma fada que está a serviço da morte?

Cultivamos uma relação com a água curadora também quando tomamos um banho e acreditamos em seu poder curativo. De igual modo, as lágrimas podem restaurar a visão (GM 1, pp. 102-107), uma experiência que fazemos inclusive em sentido figurado – quando encontramos o caminho de volta para nossos sentimentos, que, muitas vezes, são sentimentos de tristeza, voltamos a enxergar com o coração e deixamos de ser cegos; então, nosso coração amolece.

É bem interessante o fato de o poder transformador da água ser muito ressaltado nos contos de fadas. A psicologia profunda, que trabalha com o inconsciente, em geral considera a água um símbolo dessa dimensão pessoal em suas várias manifestações. O trabalho com o inconsciente é visto fundamentalmente como uma oportunidade de transformação e, portanto, de recuperação. Sabemos que esse poder transformador do inconsciente pode produzir não apenas efeitos desejados, mas também efeitos indesejados.

Às vezes, o leite é outro elemento de ajuda nos contos de fadas, na luta contra figuras dominadoras. Em *O filho do rei e a filha do diabo* (Zaunert, 1963), a filha do diabo se apaixona pelo filho do rei; na verdade, o rapaz fora vendido ao diabo pelo próprio pai. O filho do rei e a filha do diabo decidem fugir. Havendo os subalternos do diabo falhado duas vezes em sua tentativa encontrá-los, por não perceberem que a filha do diabo havia transformado seu amado e a si mesma, o próprio diabo parte em busca dos fugitivos. A filha do diabo transforma a si mesma em um lago de leite e o filho do rei em um pato. Ela ainda instrui o moço a não olhar para o diabo, aconteça o que acontecer. No entanto, o pato levanta um pouco a cabeça, e o leite começa a fermentar – a filha do diabo fica azeda. O diabo, impaciente, começa a beber o leite. O líquido continua fermentando no corpo do diabo, que explode. A filha do diabo e o filho do rei finalmente estão livres.

No entanto, objetos e líquidos mágicos não podem ser encontrados a cada passo nos contos de fadas; estes não tratam da realização rápida de desejos que tornariam o sofrimento desnecessário. Antes de os heróis encontrarem a água que os cura, a água da morte e da vida - na morte, ela cura os heróis que foram destroçados, torna-os inteiros e depois os revitaliza por meio da água (cf. conto de fadas russo *Marja Marjewna*, em Afanasjew, 1985, p. 187) -, em geral são necessárias longas buscas, e o herói fica vagando desesperado, embora persista. É somente após vencer uma situação difícil depois de um longo tempo que ele experimenta a verdade de que a vida pode mudar.

11.1.8 A necessidade de suportar figuras assustadoras

Um exemplo de trabalho terapêutico com uma mulher de 42 anos, que está em análise há cerca de trinta sessões, processo esse que se iniciou porque ela sofre repetidamente de um humor depressivo: em seus sonhos, ela vê uma "mulher má" desgrenhada e encapuzada. Ela sonha com essa mulher todas as noites; não quer ter nada a ver com tal figura, mas esta sempre reaparece.

A sonhadora consegue expressar que a presença dessa mulher a magoa; causa-lhe mágoa o fato de essa figura aparecer em seus sonhos e ela mesma, a sonhadora, reconhecer um traço de sua personalidade nessa mulher. Também a ofende o fato de ter de pensar nessa mulher o tempo todo. Nada disso se encaixa em sua autoimagem: "Não quero ter uma mulher desgrenhada, maltrapilha e malvada dentro de mim. A noite toda tentei me livrar dela; agora, enquanto falo sobre isso aqui [na sessão de análise, V.K.], ela está presente de novo. Preciso lidar com ela".

Usar a técnica da imaginação para trabalhar com essa imagem onírica, que assombra a sonhadora inclusive durante o dia, oferece-se como boa opção. Talvez tivesse sido possível também encorajar a paciente a pintar um quadro dessa mulher, mas isso não me ocorreu na ocasião. Depois de um rápido relaxamento, a analisanda imagina a mulher e diz: "Provavelmente é uma bruxa. Terei que ser gentil com ela, talvez possa lhe dar algo para comer." A intenção parece ser transformar a bruxa em uma velha sábia. "Talvez eu possa levá-la comigo e domá-la."

A analisanda conhece muitos contos de fadas, ela sabe lidar com bruxas. Peço então que imagine essa mulher selvagem. No início, a analisanda não consegue ver uma imagem. Isso é típico dessa situação: quando devemos imaginar figuras com as quais não queremos lidar, é difícil vê-las claramente em nossa imaginação, o que também se aplica a figuras mais distantes da consciência do ego, as quais ainda são estranhas para nós. Por esse motivo, muitas vezes não é fácil dizer se tal dificuldade aponta para uma resistência bastante justificada diante de figuras que nos assustam ou se estamos lidando com figuras muito distantes de nossa consciência, muito esquisitas para nós e que, portanto, só podem ser representadas aos poucos. Geralmente, é necessário um período de calma e, então, uma concentração de cinco a dez minutos em uma imagem interna ligeiramente esboçada até que os contornos se tornem mais nítidos e a imagem possa realmente ser reconhecida. Vez ou outra, uma imagem completamente diferente se torna visível. As cores imaginadas podem ser úteis nesse caso.

Depois de cerca de três minutos de concentração nessa imagem, inicialmente não captada pela analisanda, esta diz:

"Estou em uma região que me é familiar, de certa forma; é o vilarejo de onde venho. Estou próxima do rio, um lugar que sempre amei e onde ainda procuro estar sempre que volto para aquele vilarejo. A bruxa está mais perto do rio do que eu, atrás de uma cerca viva". Eu me aproximo dela e lhe digo: "Você está linda atrás dessa cerca viva". Eu penso: "Essa é a Bela Adormecida. Droga! Não quero ser a Bela Adormecida".

A bruxa se afasta.

"Provavelmente fui muito grosseira", penso. Ou será que ela está reagindo aos meus pensamentos e não ao que estou dizendo? Então, mais uma vez me dirijo a ela: "Eu gosto desse rio, você também gosta?"

Ela se vira para mim novamente. Não diz nada. Tem um rosto fechado e duro e parece muito ameaçadora: olhos frios, lábios pressionados.

Olho em volta e vejo morangos. Eu os pego e penso: "Bem, ela não vai recusá-los! São um símbolo altamente erótico; ela tem que aceitá-los, eles parecem muito gostosos".

Eu ofereço os morangos a ela, que os toma de minha mão.

Agora estou perdida e muito triste. A mulher se senta em uma pedra e bate loucamente nas flores que crescem ali. Estou começando a ficar com medo dela. As coisas não estão acontecendo do jeito que eu pensava. Sinto pena das flores.

Eu digo: "Tenho pena das flores".

Ela responde: "Eu não. Quero destruí-las".

Eu: "Estou vendo".

Ela: "Eu quero destruir".

Eu: "Você quer, mas não precisa?"

Ela: "Eu quero".

Eu: "Eu quero destruir".

Olho para ela, agora perplexa novamente, ela está usando muitas roupas, uma em cima da outra. Só consigo ver isso agora, ela parece muito disforme. A frase que me vem à mente é: "As roupas são a camuflagem do nosso próprio ser". Como ela deve ser por dentro? Como eu sou por dentro? Não olho mais para ela, não penso mais nela.

Então, ela me pergunta: "Você está indo embora?"

Triunfante, penso: "Agora eu a peguei. Ela tem medo da separação".

Eu: "Sim, vou me afastar de você".

Ela: "Então, eu vou destruir".

Eu: "Eu voltarei. Estou interessada em você, mas não a entendo".

Ela: "Você está me atormentando".

Eu: "É você que está me atormentando!"

Ela: "Você!"

Eu: "Não, você!"

Ela: "Não, você!"

Aqui eu intervenho: "As duas querem destruir".

A analisanda então começa a chorar e se desliga da imaginação.

Durante meses após essa primeira imaginação, ela se envolveu num diálogo com a mulher selvagem e recebeu imagens internas importantes. A paciente iniciou a imaginação com a intenção de se reconciliar rapidamente com essa mulher, que ela vivenciava como uma figura tão desagradável. Isso também se evidencia no fato de ela declarar que a mulher é uma bruxa e, em seguida, recapitular o que acha que vale a pena considerar ao lidar com bruxas. Entretanto, não consegue chegar a um entendimento rápido porque esse seu lado, que também está escondido na imagem, precisa de tempo para se mostrar, para revelar aspectos de sua natureza. Inicialmente, ele se revela como um lado muito destrutivo.

Logo, porém, o diálogo mostra que a analisanda também se torna destrutiva quando precisa lidar com esse seu lado destrutivo. Na mulher selvagem, ela se depara com um lado seu completamente diferente. A analisanda não parece ser nada selvagem; aparenta ser excessivamente domada. Para ela, ordem é um valor muito alto; ela não consegue suportar a ideia de que seu cabelo não esteja arrumado. É por isso que essa figura onírica a ofende tanto. A paciente tem medo desse lado, mas também deseja ser uma mulher mais selvagem; contudo, por enquanto, esse desejo é restrito.

Além disso, a mulher imaginada também retrata aspectos de destrutividade. Em termos biográficos, a mulher selvagem e destrutiva remete à mãe, que a analisanda julgava como muito destrutiva. Sua mãe lhe contara que, quando estava grávida dela, fizera várias tentativas de aborto, as quais infelizmente tinham falhado. Esse ímpeto de destruição acompanhou a vida da analisanda desde muito cedo. É compreensível que tal experiência, juntamente com a comunicação brutal desse fato, ative o tema da destrutividade em sua vida.

Escolhi esse exemplo sobretudo para mostrar que existem imaginações nas quais o confronto irreconciliável deve ser suportado para que o lado ameaçador possa se revelar – assim como o ego, em suas possibilidades de lidar com esse lado.

11.2 Encontrar o companheiro interno

Os contos de fadas do tipo morto agradecido – a exemplo do conto da Noruega *O camarada* (Stroebe & Christiansen, 1967, pp. 24-36) ou o conto do Curdistão *Cabelos ruivos: olhos verdes* (*Kurdische Märchen*, 1978, pp. 191-197; cf. Kast, 1986b, 146-147; 2012a), tratam do herói que sai pelo mundo ou herda os negócios do pai. Em seu caminho para o mundo, o herói vê um cadáver ser açoitado. Em resposta a suas perguntas assustadas sobre o motivo disso, é informado de que, quando vivo, o homem não havia quitado uma dívida ou que misturara vinho com água ou algo semelhante. O herói tem um bom coração e rapidamente resgata o cadáver, que então é enterrado. Depois de pouco tempo, o herói recebe a companhia de um misterioso companheiro que prevê situações problemáticas e lhe diz como lidar com elas. O herói pode confiar inteiramente nesse companheiro. Depois que o herói adquire experiência suficiente e perde a ingenuidade ao lidar com o mal, o companheiro desaparece e revela ser o espírito do homem morto; razão pela qual o herói pôde confiar nele em questões relacionadas à vida, mas também à morte.

Esse companheiro interno complementa o herói, mas também se encontra num contexto de vida muito maior do que ele e sabe mais sobre os mistérios da vida. O companheiro interno pode ainda aparecer espontaneamente na imaginação. Nela, ele costuma incorporar um lado que redimimos anteriormente, que evocamos ao aceitá-lo – apesar de sua sombra. Inicialmente, mesmo em nossos sonhos noturnos, essas são figuras que não amamos, que não combinam conosco, que não correspondem ao ideal que temos de nós mesmos e, portanto, dificilmente conseguimos admiti-las como partes de nós. As abordagens a tais figuras geralmente são feitas em longas sequências imaginárias, e muitos conflitos precisam ser resolvidos antes que os lados por elas representados sejam aceitos. Quando conseguimos admitir esses "lados sombrios", aceitamos um lado nosso, nós os "resgatamos"; o ego, então, ganha mais liberdade. Se isso for precedido por um confronto interior com uma figura interna, esta quase sempre se torna uma companheira confiável na imaginação durante algum tempo (cf. Kast, 2008a).

No entanto, o companheiro também pode ser uma pessoa conhecida ou desconhecida que significa muito para nós e com quem conversamos de vez em quando, cultivando um diálogo interno de forma muito amigável, algo que nos transmite a sensação de não estar sozinhos diante dos problemas da vida. Trata-se de pessoas que foram boas conosco, pessoas em quem podíamos confiar. São exemplos disso o avô querido que aparece com palavras encorajadoras; ou a avó estimada cujos gestos são tranquilizadores.

Outros companheiros confirmam o imaginador, dão-lhe segurança; outros, ainda, são idealizados. No entanto, esses companheiros também podem ser vivenciados como figuras que não podem mais ser entendidas simplesmente como partes da personalidade; antes, precisam ser vistas como "hóspedes" na própria psique. Tais figuras claramente têm algo de caráter numinoso; sua aparência e existência são sempre acompanhadas por um sentimento de estranheza silenciosa e, todavia, também soam muito familiares, parecem pertencer a nós – mas vão muito além disso. São companheiros que jamais devem ser descartados e que aparecem e vão embora quando bem entendem.

Esses companheiros internos podem estar muito próximos de nossa consciência, representar os lados sombrios de nós mesmos que devemos aceitar e, pelo modo como veem as coisas, abrir novas perspectivas para nós. Eles nos ajudam a evitar algumas armadilhas que não enxergamos, embora também nos envolvam em algumas dificuldades que gostaríamos de ter evitado, mas cuja existência acaba sendo importante quando tomada em retrospectiva.

Porém, esses companheiros internos também podem nos conectar com as profundezas do inconsciente. Às vezes, uma figura interna aparece por trás de uma figura sombria de caráter numinoso que nos pertence – e que também não nos pertence. Essa figura é vivenciada como "sábia", a exemplo de Dumbledore nos livros de Harry Potter, escritos por Joanne K. Rowling.

No contexto da terapia, é o analista que, muitas vezes, pode atuar como um companheiro interno. Os aspectos da sombra também são transferidos para ele e então são aceitos por meio de confrontos. O analista pode ser idealizado ou ter que idealizar o analisando, mas também pode se tornar o portador de uma imagem de um companheiro interno que aponta para muito além da personalidade consciente do analisando.

Numa instrução imaginativa direta, é possível tentar escolher um companheiro interno, caso ele ainda não tenha se apresentado de forma ativa em um sonho noturno.

Possível instrução para a imaginação:

> Imagine que você está partindo para uma viagem misteriosa na qual terá que superar vários problemas.
>
> Quem você levaria como seu companheiro? Deve ser alguém que você não conhece.
>
> Insira-se em alguma paisagem com essa pessoa. Como ela é, o que você vê, cheira, ouve e sente?

O humor expresso na imaginação mostra se o imaginador se sente bem com o companheiro interior. Muitas vezes, porém, é preciso "suportar" esse companheiro, pois nem sempre ele vem "de graça".

Um exemplo do trabalho terapêutico em que o ponto de partida para uma imaginação é um sonho de uma mulher de 38 anos:

> Estou parada em frente a uma casa trancada, ou melhor, em frente a uma porta trancada. Não conheço a casa, mas sei que preciso entrar nela. Tento tocar a campainha, bater à porta etc. Tento de tudo. Ninguém responde.

> Então, aparece uma mulher com passos rápidos e determinados. Ela se assemelha a um garoto, com um corte de cabelo terrivelmente curto, mas não é desagradável.
>
> Eu acordo.

Primeiro, a sonhadora diz que, embora o corte de cabelo seja terrivelmente curto, a cabeça raspada em si não é desagradável. Ela acredita que, com a ajuda dessa mulher, talvez consiga encontrar a entrada ou mesmo arrombar a porta de acesso.

Percebemos certa ambivalência em relação à mulher já no sonho, o que fica claro nas associações. A avaliação complicada do penteado provavelmente tem a ver com a avaliação da mulher como um todo.

Encontramos com frequência esses sentimentos ambivalentes em relação a um possível companheiro interior. Peço à analisanda que deixe surgir ideias relacionadas a essa mulher dos sonhos, imaginando-a mais uma vez. Ela a vê como determinada, desenfreada, espontânea, impulsiva e masculina: "Ela tem esse corte de cabelo masculino. Na verdade, ela é muito impetuosa, muito determinada; ela sabe o que quer, o que não é necessariamente uma coisa ruim..."

A analisanda nota que tem sentimentos contraditórios em relação a essa mulher: é o tipo de mulher que não lhe agrada, do qual tem certo medo; contudo, continua sonhando com mulheres desse tipo e tem a impressão de que deveria desenvolver os lados femininos por ele simbolizados. Acrescenta que inveja essas mulheres porque elas conseguem ser verdadeiras, sendo o "oposto" dela, que se esforça tanto para ser complacente, "suavemente feminina, tão terrivelmente feminina..." Então ela ri.

É evidente a maneira pela qual a analisanda deseja ser vista como mulher: gentil, feminina, etc. Eu não a vejo apenas gentil e submissa, mas frequentemente a vejo muito determinada, às vezes até dura. Ela, porém, ainda não quer ver esses lados. Entretanto, já consegue rir do fato de almejar ser tão "terrivelmente feminina". Então, diz: "Provavelmente terei que aceitar esse lado. Não acho que seja tão ruim, mas preciso tomar cuidado para que essa mulher não me atropele. Eu preciso dela; caso contrário, não poderei entrar nessa casa. E preciso entrar".

Um aspecto típico dessa situação é o fato de a companheira interna ser aceita com relutância porque a imaginadora não vê nenhuma maneira de entrar na casa por conta própria. A companheira interna aparece inicialmente como uma "contraparte" da sonhadora. Nunca sabemos que outros aspectos se escondem por trás dessas figuras. Geralmente, os companheiros internos são contrários à maneira como nos apresentamos, como nos mostramos ao mundo; com o tempo, porém, eles podem se transformar de tal forma que passamos a ter a impressão de estar enfrentando as provas com um irmão muito parecido conosco. Ou, ainda, eles podem se transformar em figuras numinosas.

Quanto à casa, a sonhadora diz que só sabe que precisa entrar com urgência; ela acha isso essencial para sua vida. A casa é bem discreta por fora, mas é cercada de folhagens; tudo é extremamente verde e coberto de vegetação.

A sonhadora sente o cheiro do verde, o cheiro da vida. Se estivesse dentro da casa, ela se sentiria muito segura e viva.

Segurança é um tema muito importante para essa mulher. Ela cresceu com pais adotivos, a quem perdeu num acidente quando tinha 6 anos; depois disso, viveu em vários lares. Daí a segurança ser algo significativo. Ela só se sente segura na companhia de outras pessoas e apenas quando se adapta completamente. Mas, quando isso acontece, não se sente de todo à vontade porque deixa de expressar e satisfazer as próprias necessidades.

Sonhos que terminam com uma situação que gostaríamos de mudar – claramente retratados aqui na convicção da sonhadora de que deve entrar na casa – podem ser processados e trabalhados com a técnica da imaginação. Trata-se de processos contínuos que são estimulados pelo próprio inconsciente.

Peço que a analisanda visualize a imagem final do sonho da forma mais vívida possível. Ela se vê em frente à porta e descreve a si mesma por um longo tempo enquanto está ali. Então, descreve a porta:

> Consigo me ver tocando o sino, batendo à porta, chamando, tocando o sino. Tenho a sensação de impotência. Eu poderia chorar; sinto-me completamente desamparada e abandonada.
>
> A mulher determinada chega. Eu olho para ela, que está sorrindo. Isso me passa uma sensação de segurança. Digo a ela: "Você faz com que eu me sinta um pouco insegura, mas estou feliz com a sua presença. Preciso de você".

> Ela acena com a cabeça, não diz nada; não parece ser defensiva, mas também não se aproxima de mim. Ela mexe na porta. Também sem sucesso. Então, de repente, diz: "Às vezes, você tenta em vão entrar em uma casa porque usa a entrada errada. A entrada nem sempre fica onde está a porta".
>
> Essa afirmação me surpreende. Se ela acha que vou escalar uma janela usando saia justa… Reluto, mas não consigo evitar. Ela me pega pela mão. Eu penso: "Lá vamos nós! Agora sou uma criancinha que precisa ser pega pela mão". Minha raiva faz com que eu não consiga mais sentir a mulher. Agora estou irritada comigo mesma. Não posso me irritar agora. Interrompo a raiva.

Instruo a analisanda a respirar fundo e relaxar. Em seguida, peço que ela imagine mais uma vez a cena que desencadeou a raiva.

> Tento sentir a mão da mulher novamente. Ela está de volta. Muito determinada, ela me conduz pela casa. Começa revirar a pilha de compostagem e me dá uma pá. Tenho medo de sujar meu vestido, mas a acompanho, convencendo-me de que poderei levar o vestido à lavanderia.

Aqui a analisanda interrompe a imaginação, mostra-se surpresa com o rumo que tomou e comenta o fato de, obviamente, ter precisado revirar primeiro sua própria sujeira. No entanto, ela estava convencida de que esse trabalho era um prerrequisito essencial para entrar na casa.

Essa imagem também se oferece para ser imaginada novamente. Na sessão de análise seguinte, a analisanda se propõe a continuar sua imaginação. Ela volta para o lixo e o descreve: agora, já não é mais lixo, mas uma terra fértil que precisa ser arada. Ela comenta que, desta vez, está usando roupas apropriadas.

A analisanda narra:

> Cavamos e removemos toda a pilha de esterco. Mesmo quando toda a pilha de esterco parece ter sido removida, minha companheira continua cavando freneticamente. Determinada, essa mulher descobre uma passagem para o interior da terra e se espreme para entrar ali, dando a entender que devo segui-la. Estou com medo, está muito escuro. Minha companheira parece não se importar com a escuridão – talvez não seja tão escuro para ela. Com o passar do tempo, consigo ver melhor: estamos em uma caverna muito acolhedora. Está aqui também um velho amigo meu. Não quero encontrá-lo, queria esquecê-lo. Era um amigo sádico, que costumava me atormentar. Na verdade, eu esperava encontrar algo positivo aqui embaixo, talvez um desenho de um círculo na parede, uma esfera. Mas esse amigo barra meu caminho; ele está buscando o confronto. De repente, sinto a mulher determinada atrás de mim, muito perto de mim; posso sentir sua presença, sua respiração. Sussurrando, ela me diz como devo me comportar. Sou tomada por um sentimento muito caloroso em relação a ela, sinto-me realmente segura nessa situação terrível.

Essa imaginação mostra com nitidez como uma figura onírica a princípio vivenciada de forma ambivalente é experimentada também dessa forma na imaginação. Depois, porém, é cada vez mais aceita. Essa mulher, descrita como "determinada" pela imaginadora, assume a liderança e sabe mais do que aquela que a imagina.

É interessante observar que a sensação de segurança se torna um tanto tangível quando, no confronto assustador com um amigo entendido como sádico, essa mulher determinada literalmente cobre e fortalece as costas da analisanda e lhe dá a sensação muito clara de que não está sozinha, pois tem sua ajuda.

Essa descoberta foi muito comovente para a analisanda: não era alguém de fora que estava ao seu lado, não era nem mesmo eu, sua terapeuta, mas uma mulher onírica, uma figura que ela podia imaginar a qualquer momento e que também aparecia em sua imaginação; alguém que a ajudava, embora tivesse sido rejeitado inicialmente; uma mulher em relação à qual realmente podia ter sentimentos positivos e negativos sem sentir repulsa.

Essa imaginação foi precedida por um longo tratamento. A imaginação foi feita na 46ª sessão. No relacionamento analítico, a analisanda frequentemente transferia para mim pessoas de relacionamentos ambivalentes e, assim, provocava a rejeição que havia experimentado em sua vida. Por exemplo, ela dizia: "Você não se interessa nem um pouco por mim, você é igual a todos os terapeutas!" Como eu sabia que essa provocação era uma transferência de experiências anteriores com pessoas com as quais ela se relacionava, conseguimos entender seu comportamento para que ela também pudesse entender a si mesma, visto que se irritava com o fato de sempre repetir "coisas desse tipo".

Tenho observado repetidamente que o comportamento relacional transferido para o analista também é transferido para as figuras internas. Quando uma dessas figuras surge como companheiro interno, isso sempre significa que o imaginador se torna mais independente e cada vez mais capaz de lidar sozinho com seus problemas. Sobre a imaginação ativa, Jung afirma que se trata, entre outras coisas, de um método para se tornar mais independente do analista.

Essa afirmação pode ser aplicada à imaginação em geral, desde que os analisandos consigam entrar em contato com suas imagens internas.

11.3 Ajudantes internos, padrões relacionais e intervenção

A imaginação de um companheiro interno pode representar o padrão relacional entre analista e analisando ou revelar transferência, desejos, expectativas e medos que só se tornam claros por meio da imaginação.

11.3.1 Um exemplo de prática terapêutica em que o padrão relacional entre analisando e analista se baseia em uma imaginação:

Uma ex-paciente de 35 anos, com quadro de ansiedade, conta que se sente como se estivesse em uma caminhada difícil nas montanhas. Já que ela usa essa imagem ao contar a história, e parece não ser afetada emocionalmente pela representação do caminho difícil, peço que crie essa busca pelo caminho por meio da imaginação.

Após um relaxamento rápido, ela se vê nas montanhas, em uma região desconhecida. A montanha é muito íngreme, e a analisanda precisa encontrar seu próprio caminho, pois já não há mais trilha que o indique.

> Eu ando na frente, e uma mulher me segue – ela tem sua idade, anda igual a você. Embora seja difícil encontrar um caminho, ando rápido, talvez rápido demais. Provavelmente, não presto atenção o bastante nas possibilidades de escalar a montanha; por isso, fico presa e preciso recuar, o que me irrita. Minha companheira se afasta, pensativa. De modo demorado e minucioso, ela analisa a parede da montanha e, às vezes, aponta com a mão um possível caminho. Obviamente, ela conhece a montanha melhor do que eu. Acho que ela poderia seguir na frente e encontrar um caminho para mim. Eu lhe digo isso.
>
> Ela (a companheira) balança a cabeça e diz: "O caminho precisa ser seu".
>
> Eu lhe peço: "Por favor, faça isso por mim".
>
> Ela (a companheira) balança a cabeça com firmeza, mas com gentileza.
>
> Eu me sento no chão como que para desafiá-la.
>
> Agora, ela está liderando o caminho. Eu a sigo; é muito mais fácil assim. Mas ela não vai pelo caminho que eu imaginava. Eu teria preferido um caminho mais íngreme.

Antigamente, a analisanda sempre convencia sua mãe a "ir à frente" dela – depois de a mãe ter ido à frente dela durante sua infância – e a convencia a lhe mostrar caminhos que não fossem assustadores. Sendo bastante ansiosa, a analisanda sempre encontrava ajudantes que resolviam seus problemas em seu lugar, o que de início a aliviava, mas, é claro, deixava-a cada vez mais impotente.

Esse sentimento de impotência e a sensação de falta de competência para lidar com os problemas – em combinação com sua experiência na primeira infância, quando não podia ser autônoma – fizeram com que sua ansiedade aumentasse. No decorrer da terapia, ela aprendeu a assumir mais responsabilidade por si mesma, o que também lhe deu mais autonomia. No entanto, no momento em que precisa encontrar seu próprio caminho, ela quer que os antigos padrões relacionais se repitam em sua imaginação. A companheira, que tem minha idade e, mais importante, anda igual a mim, é provavelmente uma imagem minha, sua terapeuta.

A analisanda tende a tomar decisões apressadas, e, para compensar isso, eu pareço proporcionar um momento de reflexão. Na imaginação, porém, a analisanda seduz minha representante a agir como auxiliadora e a procurar um caminho em seu lugar. Mas essa sedução é inútil; a companheira escolhe um caminho que não é íngreme o suficiente para o gosto da analisanda. Esse padrão relacional descrito na imaginação ocorre entre ela e eu, mas também na vida cotidiana entre outras pessoas e a analisanda: repetidamente, ela consegue que as pessoas a ajudem; então, critica essas pessoas pelas ideias que têm. Na maioria das vezes, a analisanda percebe nessas críticas suas próprias ideias. É preciso encontrar seu próprio caminho – não existe outra possibilidade!

É possível representar o comportamento na vida cotidiana e o comportamento na terapia por meio de imaginações, pois estas podem ser usadas para tirar conclusões sobre os padrões relacionais vigentes. Muitas vezes, a pessoa que imagina percebe quais desses padrões ela está vivendo ou gostaria de viver.

Aqui também se pergunta se esse padrão relacional está sendo vivido ou se é algo desejado, que talvez seja mais satisfatório. No caso dessa analisanda, as experiências no relacionamento terapêutico e as descrições dos relacionamentos vigentes deixaram claro que se tratava do padrão vivido no momento.

11.3.2 Padrões relacionais desejados

Na imaginação, porém, também podem se tornar visíveis padrões relacionais que se estendem até o futuro, padrões esses que são desejados e experimentados pela primeira vez na imaginação. Um exemplo: Certo senhor de 45 anos sonha com uma mulher desconhecida que o fascina. Ele se lembra apenas vagamente do sonho, mas ainda consegue vislumbrar alguns traços da mulher. O que permanece em sua consciência desperta é essa sensação de fascínio, uma sensação que o energiza e da qual ele não quer abrir mão.

Peço que se concentre nessa sensação e imagine a mulher – da melhor forma possível – em um ambiente que pareça adequado para ela. Eis o que ele imagina:

> Estou andando numa trilha que conheço bem dos meus tempos de estudante; é uma trilha que atravessa campos. Às vezes, encontro algumas árvores; a trilha leva até um vale. O sol está brilhan-

> do, mas não está quente; a temperatura está agradável. A mulher caminha ao meu lado; eu a sinto mais do que a vejo. Permaneço completamente em silêncio – algo que não costumo fazer –, pois não sei o que poderia dizer a ela; portanto, fico calado. De repente, o caminho passa por um riacho muito agitado. Sinto sua vivacidade de forma bastante intensa. Quero comunicar isso de alguma forma à minha companheira, mas não sei como fazê-lo, não consigo encontrar as palavras. Ela se senta à beira desse riacho. Eu posso fazer o que quiser: ficar ou ir embora. Mas não vou. Juntos, contemplamos esse riacho. Não sinto nem mesmo a necessidade de tocar minha companheira. Penso: "Ah, como isso é romântico". Estou arruinando minha imaginação, não quero arruiná-la. Gosto de estar sentado ao lado dessa mulher, sentindo-a; nem sequer olho para ela, tampouco sinto a necessidade de impressioná-la. Olhamos juntos para o riacho, sem fazer nada.

Então, o analisando se cala por cerca de cinco minutos; depois se desprende das imagens e diz:

> Não houve mais nada; simplesmente éramos, nada mais. É impressionante. Nunca fui capaz de fazer isso com ninguém antes – apenas ser. Especialmente com uma mulher, porque de imediato me sinto pressionado a agir, a me exibir – conhecemos isso muito bem. Apenas ser.

O analisando teve a impressão de que havia sido a mulher, essa estranha misteriosa, para a qual ele nem conseguia olhar perto, a causadora de seu comportamento imaginado: ela animou esse lado dele que só quer "ser", que só quer se alegrar com o que vivencia, uma alegria provavelmente representada também pelo riacho. No entanto, ele não teve a impressão de ser determinado pela mulher. Ele sentia que tinha liberdade para ficar ou ir embora.

Esse comportamento relacional era novo para o analisando e igualmente novo para mim em relação a ele. Ele sabia que era o tipo de relação que realmente desejava: estar profundamente conectado com o outro sem ter que falar nada (Kast, 2009a, pp. 52-55). No entanto, também sabia que apenas na imaginação poderia experimentar esse tipo de relacionamento e os sentimentos a ele vinculados.

Frequentemente, o companheiro interno é associado a pessoas que também nos acompanham de alguma forma no dia a dia. Às vezes, reconhecemos nelas parceiros ou contrapartes de parceiros. Caso essas imaginações com os companheiros internos se repitam por muito tempo, fica evidente que eles também têm outras qualidades além daquelas que percebemos nas pessoas que nos acompanham. Os companheiros internos reavivam em nós sentimentos com os quais não estamos familiarizados; além disso, provocam em nós comportamentos que nos são inéditos, sobretudo relacionados a outras pessoas.

A necessidade de um companheiro interno na imaginação surge quando os caminhos internos são novos, assustadores ou cada vez mais profundos, ou ainda quando os imaginadores querem compartilhar suas experiências, possivelmente para chegar a si mesmos por meio de outra pessoa.

11.4 Reconhecer o(a) velho(a) sábio(a)

Os contos de fadas costumam começar com a ausência de algo vital - como a água da vida (cf. conto *Das Wasser des Lebens*, GM2, pp. 59-67) –, o desaparecimento inexplicável das maçãs de ouro (cf. conto *Der goldene Vogel*, GM 1, pp. 394-405), ou a falta de uma criança (p. ex., no conto *Der Soldat und die schwarze Prinzessin*, Zaunert, 1963, pp. 111-116).

Príncipes, princesas, reis ou rainhas partem, então, em busca do que está faltando, assim como eventualmente saímos de casa porque não conseguimos suportar a ausência de algo, porque almejamos novas experiências para que alguma coisa inédita ocorra em nossa vida.

Acontece que, às vezes, é muito difícil saber onde procurar e o que procurar. Os heróis e as heroínas dos contos de fadas não são diferentes de nós. Se eles decidem correr o risco e simplesmente partir para o mundo, sem nenhuma garantia de que encontrarão o que procuram, em geral deparam com um idoso, homem ou mulher, à beira da floresta, ou seja, onde se esgotam as possibilidades de orientação habituais. Essa figura também pode ser encontrada à beira-mar. De todo modo, esse encontro sempre ocorre onde se inicia um "novo mundo" – e onde surge a pergunta do caminho a ser tomado. A figura de bastante idade costuma ser pouco vistosa ou aparece na forma de um animal falante (p. ex., no conto *Der goldene Vogel*, GM 1, pp. 394-405).

Quando o herói se senta à beira da floresta para comer algo que o fortalecerá para a jornada, o velho geralmente se senta junto a ele e lhe pede algo para comer. Se a comida não for compartilhada com o velho e se este não receber uma resposta para a pergunta acerca da origem ou do destino do herói, o leitor pode ter certeza de que esse herói em breve deparará com algum obstáculo intransponível – pode ficar preso entre rochas (cf. conto *Das Wasser des Lebens*, GM 1, pp. 59-67) ou se deixar ficar numa taberna barulhenta, da qual, na verdade, ele pretendia partir para trazer algo vital para casa.

No entanto, se o herói der atenção ao idoso e lhe oferecer parte de sua refeição, e se lhe disser por que está procurando algo, certamente receberá ajuda, mesmo que o conselho dado pelo idoso pareça, de início, um tanto estranho.

Esses conselheiros são sempre velhos, feios e, às vezes, se apresentam na forma de um animal. Eles imploram para que sejam percebidos e ouvidos. Quem se interessa apenas pelas aparências não os considera dignos de uma resposta e desprezam seus conselhos. Quem está mais concentrado em sua busca – geralmente já angustiado por não saber como suprir essa necessidade vital, muitas vezes desconhecida, estando ansiosos, tendo já esgotado todas as possibilidades ou sentindo-se desesperados sem conseguir enxergar uma solução – fica feliz com qualquer conselho. Neste estágio, o herói já não pede mais coisas externas e está preparado para compartilhar o pão e a manteiga de que ainda dispõe com alguém que esteja disposto a ajudá-lo.

Esses homens e mulheres idosos sempre chamam para a reflexão: de onde você vem? O que está procurando? Em seguida, dão conselhos – eles sabem onde encontrar a água da vida ou quais ervas ajudarão a rainha a finalmente engravidar. No entanto, os heróis precisam sair em busca dessas coisas por conta própria; o velho sábio raramente os acompanha e, quando o faz, pode ser na forma de um animal.

É igualmente típico que, nesses contos de fadas, o velho sábio aponta os perigos enfrentados por aqueles que não seguirem completamente seu conselho. Os heróis nunca seguem o conselho ao pé da letra e, embora isso lhes cause mais problemas, eles também vivenciam outras experiências; ao final, geralmente alcançam mais do que haviam planejado de início. O conselho desse sábio é muito importante, mas parece ser igualmente importante segui-lo de imediato e, então, dar espaço às próprias intenções e desejos. Assim, o herói não faz apenas o que o velho sábio recomendou, mas deixa sua própria marca.

Se também vivenciamos uma busca em nossa imaginação, quando nosso eu consciente está perdido, talvez até um pouco desesperado, é útil lembrar que o conselho de um velho sábio pode ajudar. Caso já conheçamos tal figura por meio de sonhos ou caso ela já tenha falado conosco por meio da literatura, tentaremos revivê-la em nossa imaginação.

A maneira mais fácil de reconhecer se essa pessoa idosa é de fato um velho sábio é observando se ela dá conselhos que, a princípio, parecem absurdos. Se esse velho sábio disser algo que já sabemos ou que figuras de autoridade nos disseram durante toda a nossa existência, então é bem possível que não se trate de alguém que conhece os contextos conscientes e inconscientes mais amplos da vida, mas, sim, apenas uma voz familiar dentro de nós, a voz do pai, da mãe, de avós ou de professores. Essas pessoas também podem ser sábias, mas nem sempre isso é verdade. Os velhos sábios são desconhecidos, mas nos soam familiares e nos fascinam. E, é claro, eles podem se basear em lembranças de mães e avós, pais e avôs.

Instruções para a imaginação:

> Você tem uma tarefa difícil pela frente. Você não sabe o que precisa encontrar, mas inicia a jornada porque sabe que precisa fazer isso.
>
> Você chega à beira de uma floresta, onde encontra uma figura sentada – um homem idoso, uma mulher idosa. (Se aparecer outra pessoa ou um animal, siga sua imaginação.)
>
> Essa figura lhe pede comida e lhe pergunta de onde você vem e para onde quer ir. Dê o máximo de informações que puder e aguarde o conselho dela.

Voltar-se para o velho sábio pode ser a expressão de um desenvolvimento do complexo materno ou do complexo paterno: por trás das mães e dos pais, podemos reconhecer também o arquétipo do velho sábio, ou seja, podemos considerar e aceitar uma sabedoria que está desvinculada das lutas por autonomia e dos problemas de desapego que temos com nossos pais reais. Essa sabedoria está igualmente desvinculada dos problemas de delimitação que temos em razão de nos assemelharmos a nossos pais e, no entanto, precisarmos nos tornar pessoas completamente individualizadas. Enquanto essas mulheres e homens idosos nos disserem o que poderíamos dizer a nós mesmos, ou o que nosso pai e nossa mãe sempre nos disseram, eles personificam nossos complexos paternos e maternos. Esse aspecto também pode ser muito útil do ponto de vista terapêutico, pois lidar com ele significa confrontar o complexo do ego com os complexos dos pais, o que é sempre necessário para que o ego consiga se diferenciar deles, ou seja, consiga crescer. Isso não significa, porém, que devamos nos diferenciar de nosso pai e de nossa mãe a todo custo, que precisemos ter visões diferentes deles apenas para nos considerar independentes e adultos. Mas precisamos decidir quais comportamentos, pontos de vista e ideais de nossos pais realmente nos pertencem e nos convêm, quais deles realmente queremos defender.

Contudo, é necessário que observemos bem a nossa imaginação: se aceitarmos sentenças paternas e maternas como conselhos de um pretenso velho sábio, bloquearemos nosso acesso ao verdadeiro conselheiro. Talvez esse acesso ainda não esteja disponível, mas é possível que se mantenha como um caminho de anseio. Essa expectativa da figura de um velho sábio também pode nos levar a sair de nosso aprisionamento no complexo de pai e mãe.

11.4.1 Exemplo do trabalho terapêutico

Apresento aqui a imaginação de um homem de 54 anos que sofre de depressão grave, sempre se repreende de maneira severa e parece bastante atormentado, mesmo que em latente estado de acusação.

O ponto de partida é a impressão de um sonho: um peixe que o homem estava segurando se soltou de suas mãos, caiu em um bueiro e desapareceu. Esse sonho provocou no homem grande tristeza, desamparo, desespero e raiva.

O analisando é experiente na técnica da imaginação e sugere utilizá-la para ir atrás do peixe.

Eis o que ele imagina:

> Encontro-me num esgoto, embaixo da rua, à procura do meu peixe. É um lugar imundo. Na verdade, estou vendo imagens de um filme, um filme ambientado nos esgotos de Paris. Acho que é um filme de suspense. Todos esses esgotos são usados para fugir. Olho com atenção; há ratos correndo por toda parte, e o cheiro é terrível. Por que me meti neste lugar? Há muitas passagens aqui embaixo. É confuso, e estou começando a ficar com medo. Sinto meu coração bater mais rápido, mal consigo respirar – mas também pode ser por causa do mau cheiro. É possível que eu não encontre o peixe, mas também pode ser que eu não ache uma saída, que eu não consiga encontrar o caminho de volta. Não consigo respirar.

O analisando apresenta todos os sinais de ansiedade, ao que lhe digo: "Você precisa de ajuda. Respire fundo algumas vezes". Ele faz isso, acalma-se um pouco e, então, continua:

> Meu pai [que era mineiro, V.K.] vem com uma lâmpada de mineiro.
>
> Temo por ele, pois pode escorregar. Sinto vergonha por ter lhe pedido ajuda e também estou irritado por estar pensando nele. Meu pai murmura para si mesmo, e mal consigo entendê-lo. É como se dissesse: "Você sempre foi um descuidado, isto sim. Alguém que pode se dar ao luxo de perder peixes facilmente. Filho miserável, que pode se dar ao luxo de perder peixes..." Toda a amargura aflora em mim: ele sempre me reprova, nunca me ajuda, nem mesmo quando preciso. Exceto por essa pequena lâmpada de mineiro – mas não preciso dela. [Ele respira fundo novamente.]
>
> Agradeço ao meu pai e lhe mostro uma saída por um bueiro, diretamente acima de nós. Ele vai até lá e, ao sair, dá-me a lâmpada. Fico grato por isso e logo sigo em frente.

Então o imaginador fala extensamente sobre o cheiro e a sujeira, sobre como o lugar é escorregadio... Ele se pergunta se os atores do filme usavam cordas, mas não consegue se lembrar.

Depois de muito tempo, depara com um mendigo que talvez conheça aquele lugar ali embaixo. Ele se aproxima do mendigo e lhe dá uma pequena garrafa de aguardente.

Mendigo: O que você quer?

Imaginador: Estou procurando meu peixe.

M.: O que quer fazer com ele?

I.: Quero ver para onde ele me levará.

M.: E você pretende segui-lo?

I.: Sim, mas estou perdido.

M.: Você tem mais bebida?

(O imaginador lhe dá outra garrafa pequena).

M.: Sente-se aqui do meu lado.

I.: O cheiro está me matando.

M.: Você se acostuma. (Oferece cachaça ao imaginador.)

I.: (Bebe impacientemente.)

Em algum momento, o mendigo resmunga: "Você precisa voltar para o local em que deixou seu pai; um pouco mais para trás, encontrará a obstrução. Cuide da obstrução".

Acho isso uma grande besteira. Mas volto, procuro o caminho, encontro o lugar onde mandei meu pai embora – realmente funciona melhor com a lâmpada de mineiro. Volto mais um pouco até alcançar uma passagem estreita com abertura redonda; essa abertura está bloqueada, com fezes, com sujeira. Agora, encontro a obstrução, mas como posso desfazê-la?

Penso: "O velho disse alguma coisa sobre isso?" Sinto raiva porque ele não disse nada; só me contou a metade da verdade. Devo tocar na obstrução? Não!

De repente, aparecem dois trabalhadores com mangueiras de alta pressão. Eles dizem: "Não é necessário gastar muito tempo com isso. Você

> precisa lançar água com pressão total". A obstrução é eliminada; os três saem muito rapidamente e sobem por um bueiro. Agora estou ao ar livre e ao alcance da luz. Sinto um alívio tremendo, é como se eu renascesse.

Depois disso, o analisando relata que nem pensou mais no peixe, apenas desfrutou da sensação de liberdade, de poder estar ao ar livre, na luz.

Nessa imaginação, fica muito clara a possibilidade de o pai ser substituído por uma figura que pode ser associada mais facilmente ao motivo do velho sábio. O pai do analisando o acusa e o repreende, também se ressente da relativa prosperidade do filho, mas, por outro lado, orgulha-se do fato de este ter chegado mais longe do que ele próprio chegara. Entretanto, nunca diz isso ao filho. Expressa sua desaprovação afirmando, por exemplo, que o filho é uma das escórias da terra e que precisa lidar com cada sujeira que há.

Um aspecto da obstrução que também explica o aparecimento do pai se evidencia: o analisando não consegue se livrar desses julgamentos paternos, alguns dos quais vêm de sua infância enquanto outros sempre foram repetidos. Ele permanece com essa autoimagem negativa prescrita pelo pai, mesmo sabendo que não corresponde a toda a verdade. No final das contas, o pai não pode ajudar, mas pelo menos lhe dá sua luz. É somente o mendigo quem sabe para onde as coisas podem ir a partir de então.

A solução é simples: é preciso combater a obstrução com alta pressão, com energia concentrada. O comportamento do mendigo é semelhante ao dos velhos sábios dos contos de fadas – no entanto, ele tem suas próprias características, pois gosta de cachaça. O mendigo também orienta à reflexão e dá conselhos, mas não diz ao imaginador detalhes do que deve ser feito. Todavia, ressalta que é importante ir além do ponto em que o pai fora deixado, ou seja, ultrapassar esse ponto e prestar muita atenção nele – como num ponto de orientação. O mendigo lembra ao imaginador que o pai já havia sido deixado para trás.

E quanto ao peixe que o analisando estava procurando? Os peixes nadam em qualquer corpo d'água, compartilham muitas das características da água, mas são tangíveis. Por isso são considerados símbolos do conteúdo do inconsciente. Transportam algo do inconsciente para o consciente, mas são escorregadios, difíceis de pegar; eles não falam a nossa língua. Em sua forma animal, é mais provável que sejam percebidos, até mesmo fisicamente do que de fato "pegos" (cf. Pouplier, 1986). Toda essa imaginação em um sistema de esgoto também pode ser vista como um confronto com uma forma muito subterrânea de sexualidade, com medos de sujeira etc.

É claro que o mendigo não é apenas a personificação de um velho sábio; trata-se de alguém que, com sua existência, expressa o desejo de ser um marginal; no mendigo, o imaginador encontra seu próprio aspecto marginalizado, um lado sombrio que sempre negou. Mas um velho sábio também se expressa nesse mendigo, e um sentimento de liberdade preenche o imaginador quando ele admite ter que viver esse lado mendicante.

Homens e mulheres idosos e sábios raramente permitem que sua sabedoria seja reconhecida mediante sua aparência externa. Para ser aconselhado por eles, é preciso ser pelo menos sábio o suficiente para reconhecê-los como sábios – mesmo que apareçam em forma de animal.

11.5 Como lidar com animais na imaginação

Animais aparecem com frequência em sonhos e em nossa imaginação, mas também estão próximos de nós no dia a dia, quer os criemos, quer sejam realmente nossos companheiros, quer utilizemos seus nomes para nos referir repetidamente a nós mesmos. Por exemplo, comentamos que nos comportamos como "verdadeiros burros", dizemos que determinado ser humano é "orgulhoso como um pavão" etc. Também parece mais fácil imaginar nossa própria família ou certo grupo como animais e depois retratá-los dessa forma em desenhos do que imaginá-los em sua aparência humana. E, geralmente, é muito fácil descobrir qual animal representa cada pessoa, seja desenhando-o, seja vendo-o diante de nós. Temos facilidade em projetar em um animal os aspectos marcantes de uma pessoa.

Facilmente projetamos nos animais nossos desejos e anseios, em especial o desejo de proximidade. Também podemos dar vazão a impulsos agressivos com maior facilidade se eles forem projetados em um animal, como, por exemplo, um tigre.

Em sua dissertação, Isabelle Meier demonstrou que sujeitos não humanos desencadeiam reações menos ambivalentes do que sujeitos humanos (cf. 2005, p. 201). Os animais exercem a função especial de marca-passo. De acordo com pesquisa citada por Meier, eles podem ter um efeito "terapeuticamente curativo e frutífero" (cf. 2005, p. 201).

Isso pode estar relacionado ao fato de o animal ser próximo de nós. Conhecemos muitos animais, mas também estamos a distância suficiente deles para ousar falar de nós mesmos e de outras pessoas de modo muito mais desprotegido quando o fazemos por meio de imagens de animais – falamos de nossos semelhantes, mas não falamos deles completamente. Se tivermos um conflito em um relacionamento, pode ser mais fácil enxergar melhor a nós mesmos e a situação relacional se nos visualizarmos, e também o nosso parceiro, como animais em determinadas situações. Por exemplo, um jovem em um conflito difícil com a namorada alega sentir-se como uma cobaia na frente de uma cobra, totalmente hipnotizado. Essa imagem deixa claro que ele corre um grande risco de ser devorado caso não consiga "distrair" a cobra. Ao pensar nessa imagem, o jovem consegue desviar a atenção desse animal. O rapaz se surpreende com a imagem e, ao mesmo tempo, fica indignado com ela; então, distancia-se e diz: "É um pouco exagerado falar em cobra. Talvez a situação se compare mais à de um cachorro e um gato..." – ele se vê como gato e vê a namorada como cachorro. É claro que a namorada não é uma cobra, mas a imagem desse animal pode representar um medo muito específico que o jovem sente em relação a ela, ou melhor, em relação à mulher em si. A namorada, por sua vez, imagina o casal como dois caracóis que querem se abrigar um dentro do outro.

Essas imagens permitem tirar conclusões sobre fantasias relacionais (Kast, 2009a), bem como sobre medos, agressões e projeções. As imagens animais oferecem vários graus de liberdade, e é muito menos assustador dizer a elas como nos sentimos do que comunicar isso diretamente a um parceiro. Muitas vezes, é somente por meio da imagem que entendemos como vivenciamos emocionalmente a situação relacional, em termos de humor, e quais emoções estão associadas a ela.

É óbvio que, no conflito entre os dois parceiros anteriormente mencionados, essas imagens retratam a situação vigente, em geral desarmoniosa. Prevalece uma dinâmica relacional de todo distinta da que existe entre dois outros parceiros, em que ele vê a situação como a de dois capricórnios brigando nas montanhas, e ela como a de dois gatos selvagens que batem um no outro com as patas. Nessa dupla, ambos retratam uma semelhança entre os animais e uma possibilidade de revidar.

Comumente, continuamos em contato com o nosso lado animal; sabemos o que queremos dizer quando falamos que somos "vaidosos como um pavão" ou "estúpidos como um burro", que estamos "famintos como um lobo" e assim por diante.

Os animais também aparecem frequentemente em nossa imaginação – como figuras úteis na forma de companheiro animal, mas também como criaturas ameaçadoras que nos assustam. Para conseguir lidar com animais que nos causam sobressalto, precisamos de algumas estratégias para transformá-los, se possível, em companheiros úteis e amigáveis capazes de usar suas habilidades especiais na imaginação e, é claro, na vida cotidiana.

Em geral, as imaginações em que aparecem animais começam com um conflito, em consonância com as muitas disputas que temos com o nosso lado "animal"; os problemas com o corpo e a alma ou com o corpo e a mente sempre ocupam um lugar importante em nós. Em termos menos abstratos, percebemos que conseguimos lidar muito bem com o nosso aspecto "raposa", por exemplo. Mas e quanto ao "porco" ou à "cobra" que há em nós? É claro que a aceitação de um lado animal varia de acordo com a biografia de cada pessoa. Alguém que adora gatos achará seu lado "gato" extremamente encantador, enquanto outros acharão isso horrível, até mesmo aterrorizante.

A fisicalidade, a instintividade, a impulsividade, nosso faro animalesco e aquilo que por instinto protegemos são representados por símbolos animais. A sabedoria contida em nosso corpo também costuma ser expressa desse modo.

Geralmente, as imagens em que há animais são muito vibrantes, muito comoventes; em última análise, elas têm a ver com a nossa energia, nosso vigor, além de terem um efeito estimulante sobre nossa vitalidade.

A imaginação com animais nos revitaliza; em contrapartida, pode provocar muito medo. Conflitos entre animais ou embates entre eles e a pessoa que os está visualizando podem ser vivenciados na imaginação.

Possível instrução para uma imaginação:

> Por favor, imagine um animal de que você goste muito. (Breve pausa.)
>
> Agora, imagine um animal de que você não goste. Observe o que acontece entre esses dois animais.

Uma jovem de 17 anos relata:

> Um animal que realmente amo é o golfinho. Acabei de ver um deles; eu os acho elegantes, engraçados e muito inteligentes. Eles também procuram um pouco de contato. Acho que um dia eu gostaria de nadar na imensidão do mar com um golfinho como este. O golfinho da minha imaginação está na baía e parece me convidar para ir até ele. Um animal de que não gosto é o rato. Eu o acho irritante. Se você não tomar cuidado, ele come tudo e deixa o ambiente todo bagunçado. Também não gosto da timidez do rato. A timidez. Imaginei o rato na praia, mas um animal não tem nada a ver com o outro – e é claro que prefiro lidar com o golfinho.

Dois aspectos da personalidade da jovem são projetados nos dois animais – dois lados que não podem entrar em contato um com o outro. O lado ansioso, que é projetado no rato e gosta de mordiscar as coisas, é negligenciado nessa ocasião. Mas é evidente que esse lado existe; caso contrário, a jovem não teria pensado nesse animal. Entretanto, não identificamos nenhuma outra associação com animais que possa situá-los em um contexto mais amplo.

Contudo, em uma imaginação na qual existem dois animais, as coisas podem ser muito mais conflitantes. Outra jovem de 17 anos cita uma leoa como seu animal favorito. Ela descreve uma leoa forte e ágil, que se movimenta muito bem. Um animal de que ela não gosta é a gazela, sempre tão tímida, sempre assustada, olhando para o mundo de forma muito dramática. A imaginadora diz: "Sim, isto acontece rapidamente: a leoa devora a gazela. Fim". O medo e a agressividade são projetados em dois animais, e o animal agressivo vence. O animal tímido, com olhar dramático, é aniquilado – pelo menos naquele momento. Essa imagem não retrata apenas um problema na área das emoções, mas um conflito na autoimagem.

Os animais também podem simplesmente aparecer na imaginação sem instruções específicas. Por exemplo, uma mulher quer imaginar uma flor vermelha; então, ela vê um tremoço vermelho, ao lado do qual uma raposa se assenta olhando para a mulher de forma convidativa. Obviamente, a raposa pretende exercer algum papel na imaginação da mulher.

Como se deve lidar com animais na imaginação? Em geral, os animais precisam ser reconhecidos, observados e aceitos. Quando ignorados na imaginação, eles geralmente reagem de forma muito agressiva, da mesma forma como os instintos, interesses e aspectos de nossa personalidade que reprimimos ou separamos se manifestam de modo desagradável. Porém, se os reconhecemos, podemos permitir que convivam conosco de uma maneira ligeiramente diferente (se necessário).

Os contos de fadas enfatizam repetidamente que não devemos matar os animais; se não os matamos, eles costumam se mostrar companheiros capazes até mesmo de salvar nossa vida em um momento crucial, como no conto *Os dois irmãos* (GM 1, pp. 420-450): quando os dois irmãos encerram seu treinamento como caçadores, um deles parte para o mundo. Esse viajante, ao sentir tanta fome a ponto de não saber mais o que fazer, decide abater um animal. Porém, todo animal que ele pretende sacrificar lhe diz: "Caro caçador, deixe-me viver e lhe darei dois filhotes". Assim, o jovem caçador viaja pelo mundo com um grupo de animais que o ajudam a satisfazer sua fome e também a deles. O fato de ele não tê-los matado precipitadamente, mas ter sido capaz de suportar a fome por um bom tempo, familiariza-o com todos esses animais; ou seja, com todos os lados animais que se expressam nele.

Inicialmente, esses animais o ajudam em sua luta contra o dragão, que todos os anos exige do povo uma virgem e que, mais cedo ou mais tarde, levará a terra à extinção. Antes de adormecer exausto após a luta, o caçador instrui seus animais a ficarem de guarda, mas estes também adormecem – afinal, também lutaram. Quando acordam e veem que o caçador está decapitado, a lebre sai em busca da erva vital, e o caçador é chamado de volta à vida graças a seus animais.

Quando poupamos os animais, quando não os matamos e, em vez disso, os deixamos viver conosco, eles, por sua vez, nos ajudam a ter uma vida mais aprazível (cf. conto *Marja Morewna* em Afanasjew, 1985). Ou seja, quando permitimos que nossos lados físicos, nossos instintos e impulsos convivam conosco, quando aceitamos nossa fisicalidade, reconhecendo o que ela diz sobre nós, aceitando adequadamente as pistas materiais sobre como devemos mudar nosso jeito de viver, isso nos ajuda a levar uma vida melhor.

11.5.1 Animais ameaçadores

Mesmo que, às vezes, um monstro possa ser libertado por um beijo no momento certo, não devemos supor que esse tipo de abordagem será sempre bem-sucedido. Os animais podem ter um efeito muito ameaçador sobre nós, isto é, podem ser realmente perigosos. A ingenuidade ao lidar com essas forças não é apropriada; precisamos prestar muita atenção na maneira pela qual esses animais se expressam para então decidir como lidar com eles.

Oferecer ajuda. Nos contos de fadas, às vezes os animais precisam de ajuda; há um espinho enfiado numa pata ou uma bala alojada numa perna, eventualmente até uma abelha zumbindo numa orelha (cf., p. ex., o conto de fadas *Die Blume des Glücks*, em Zigeunermärchen, 1962, pp. 118-123). Esses animais, que são atormentados e um tanto agressivos por causa de sua agonia, podem se tornar amigáveis se forem libertados daquilo que os incomoda. Quando recebem ajuda desse tipo, prometem auxiliar o herói se isso for necessário. Essa atitude auxiliadora vai além de mera aceitação: o ser humano percebe que está infligindo ou infligiu tormento à sua faceta animalesca e faz um esforço para eliminar e evitar esse tormento. Ajudar os animais também significa garantir que possam viver em seu ambiente – o lugar dos peixes, por exemplo, é a água. Essa conduta garante que a ordem natural seja mantida. Entretanto, isso não se aplica necessariamente aos casos em que os animais falam.

Os contos de fadas geralmente apresentam animais falantes; ou seja, animais que querem fazer contato com as pessoas – às vezes com pessoas transformadas em animais por conta de alguma maldição (cf. p. ex., os contos de fadas *Von dem Fischer und syner Fru* e *Das singende springende Löweneckerchen* em Kast, 1986a, pp. 12-35, 77-99). Quando falam, os animais quase alcançam a condição de seres humanos, e assim como princesas e príncipes de contos de fadas são amaldiçoados e se tornam animais que sabem falar, esses são lados nossos que reprimem quem não consideramos humanos ou apenas parcialmente humanos. Esses são lados nossos que desvalorizamos e que, muitas vezes, são representados por animais. Tal escolha imagética também revela um julgamento coletivo; de acordo com essa visão, os animais não são apenas diferentes dos humanos, mas considerados inferiores a estes. Se fossem vistos apenas como criaturas distintas de nós, nossas relações com eles poderiam ser mais simples.

Os animais que falam querem se comunicar conosco, mostrar seu lado mais humano; eles almejam e podem ser compreendidos. É preciso conversar com eles, ouvir o que têm a dizer. Em nossa imaginação, os animais não falam com frequência, mas, como somos influenciados pelos contos de fadas, às vezes, temos a impressão de que deveriam fazê-lo. Vez ou outra, porém, parece ser mais importante observar atentamente o comportamento dos animais e entrar em contato com eles, por exemplo, por meio de seus movimentos. Podemos então nos perguntar quando fizemos, fazemos ou gostaríamos de fazer movimentos semelhantes.

Em geral, mesmo sem falar, os animais apontam o caminho na imaginação – por meio das rotas que eles mesmos percorrem ou do comportamento que demonstram.

Estabelecer contato. Fazer contato é muito importante, independentemente de haver mais ou menos amor. No conto de fadas *O príncipe encantado* (GM 1, pp. 21-25), o sapo é famoso por ser jogado contra a parede, o que o transforma em um belo príncipe. Não sabemos se essa transformação teria ocorrido se a princesa o tivesse beijado. Não sabemos. Esse exemplo nos mostra que fazer contato é crucial; e que, se o herói tiver muito medo do animal, o contato será feito com menos cuidado.

A necessidade de contato pode ser transferida para a imaginação. Dar atenção aos animais em vez de matá-los; ajudá-los quando necessário; devolvê-los ao seu ambiente se, de alguma forma, tiverem sido retirados dele; falar com eles para tentar descobrir se podem ser libertados de seu feitiço; enfim, estabelecer algum tipo contato – essas são as estratégias essenciais para lidar com os animais. Se nenhuma delas se mostrar eficaz ou se os animais forem muito hostis, pode ser útil tentar alimentá-los.

Alimentar. No conto de fadas *A água da vida* (GM 2, pp. 59-67), dois leões vigiam o portão do castelo onde está escondido o poço que contém a água da vida. O velho sábio que diz ao menino como chegar ao local também o instrui a levar dois "pães" para apaziguar os leões que estão de guarda. Alimentar significa dar algo de nós mesmos, estar preparado para agir com empatia diante das necessidades dos animais – e de nosso próprio lado animal – e satisfazê-las. Entretanto, agindo assim, também nos revelamos capazes de estabelecer uma conexão entre agressão/destruição e fome. Os lados de nós mesmos que não alimentamos podem se expressar de maneira destrutiva.

A ambivalência ao lidar com os animais na imaginação consiste, em certo sentido, na necessidade de fazer contato com eles; sob outra perspectiva, é bem possível que um encontro com esses animais nos assuste tanto que tenhamos que fugir ou procurar em nossa imaginação um companheiro que conheça outras estratégias. Talvez até precisemos conjurar outros animais com os quais já tenhamos feito amizade para, assim, conseguir lidar com essas criaturas selvagens – com esses nossos lados menos acessíveis que, no entanto, estão ativos.

Parece ser típico o fato de haver tantas estratégias para lidar com animais e de precisarmos de muitas delas. Os animais são muito próximos de nós. Onde quer que exista gente, ali estão eles; ainda assim, sob nosso ponto de vista, parecem sempre um tanto estranhos. Por vezes, em imaginações desacompanhadas de orientação terapêutica, nós nos distanciamos das imagens quando nelas surgem animais que nos assustam. Depois de considerar quais estratégias de interação com determinado animal são possíveis, podemos de novo visualizar a imagem em questão e, então, lidar com ele. Também pode ser útil pensarmos no significado desse animal para nós, a que área da vida ele pode estar ligado, de modo que também possamos mudar nossa atitude em relação a isso, refletindo sobre a experiência em nossa imaginação.

11.5.2 A identificação com um animal

Jung parte do pressuposto de que cada figura em um sonho também pode representar um aspecto de nossa própria psique, incorporando um lado nosso. O modo interpretativo que leva em conta essa ideia é chamado de "interpretação no nível do sujeito", em contraste com a "interpretação no nível do objeto", na qual as pessoas imaginadas são relacionadas a pessoas reais. Em última instância, a ideia de nível do sujeito consiste em que tudo que podemos encontrar no mundo externo apresenta correspondência dentro de nós mesmos. O que é importante para nós "lá fora" é igualmente importante para nós "aqui dentro", em nossa própria alma. É por isso que Jung também pode dizer que a individuação é um processo de integração subjetiva e, ao mesmo tempo, um processo relacional objetivo (cf. OC 16/2, § 448). A identificação com uma figura imaginada leva a ideia de nível do sujeito radicalmente a sério: esquecemos o ponto de vista do ego por um momento e nos colocamos por inteiro na pele de outra pessoa ou, como aqui, na pele de um animal que aparece para nós na imaginação. Por meio dessa identificação, tais figuras se tornam muito reais para o imaginador. Há pouco perigo de não encontrarmos o caminho de volta até o ponto de vista do ego. Ao abrir os olhos, mexer o corpo e bocejar, encontramos esse caminho, mas ainda podemos nos lembrar de modo muito realista de como nos sentimos estando na pele de determinado animal.

As imaginações nas quais nos identificamos com uma figura devem ser descritas ou desenhadas e pintadas com detalhes específicos porque, por um lado, podemos perceber a experiência de identificação com todas as emoções associadas a ela e, por outro, isso nos permite olhar para nós mesmos a certa distância ou mediante o poder formativo da consciência do eu. Assim, a consciência do ego e a forma interna entram em um diálogo muito proveitoso.

A identificação com figuras internas é um prerrequisito essencial para a técnica da imaginação ativa. Tanto a capacidade de identificação quanto a capacidade de se desvincular da identificação são muito importantes: nós somos, mas também não somos. E faz sentido encarar essas figuras internas de maneira crítica. Autonomia também significa que não nos deixamos determinar pelo inconsciente que se manifesta nessas figuras.

Possível instrução para uma imaginação com animais:

> Imagine uma paisagem. Observe-a com calma. Como ela é? Você consegue reconhecer algum cheiro, consegue ouvir algo?
>
> Como você se sente nessa paisagem?
>
> De algum lugar, surge um animal (ou vários deles).
>
> Faça contato com ele(s) da maneira que lhe convier; reserve algum tempo para isso.
>
> Desligue-se dessas imagens e mantenha os olhos fechados.
>
> Relaxe mais uma vez.
>
> Expire profundamente mais uma vez.
>
> Use sua respiração para liberar qualquer tensão.
>
> Agora, visualize uma das imagens que você imaginou, uma imagem que o faça sentir-se bem, uma imagem de relaxamento.
>
> Não tenha pressa.
>
> Então, imagine que você mesmo é um animal.
>
> Observe onde você está agora como animal.
>
> Há outros animais ao seu redor?
>
> Volte a assumir sua forma humana. Abra os olhos.
>
> Expire profundamente. Boceje e alongue-se.

As imaginações com animais são muito próximas de nós e tendem a ser vivas em si mesmas. É por isso que elas sempre nos revitalizam. Já estimulei esse tipo de identificação com uma figura e quero descrever isso em maior detalhe.

11.5.3 Exemplo do trabalho terapêutico

O ponto de partida da imaginação é um fragmento de sonho experienciado por uma mulher de 36 anos em sua 21ª sessão de terapia. Um de seus maiores problemas é não saber o que quer: "sempre" faz o que outros esperam dela; "sempre" agiu assim, fazendo aquilo que "se deve" fazer. Ela afirma que não se conhece de fato. Foi abandonada por um homem depois de um relacionamento longo e não sabe por quê. Foi a segunda vez que isso aconteceu. Ela tem gêmeos de seu primeiro casamento; eles agora têm 17 anos.

O fragmento do sonho:

> Um gato está sentado no fogão da minha avó, olhando para mim. Estou muito assustada. Eu acordo.

Ela começa falando sobre o sonho, que lhe transmite uma sensação de acolhimento e medo – acolhimento porque a faz lembrar-se da cozinha de sua avó, com quem sempre gostou de estar. Elas faziam bolos e cozinhavam juntas em uma cozinha aconchegante. Mas havia muito caos na casa da avó, era um lugar muito bagunçado. Às vezes, ela sentia nojo, pois a avó tinha muitos animais. Havia galinhas no fogão e muitos gatos. Quando criança, sentia pavor de gatos. Ainda agora, não gosta muito deles. Talvez o sonho lhe tenha provocado medo por causa do gato – mas se assustar tanto com um gato parece exagerado. O gato a assustou, deitado ali com seus olhos brilhantes.

Sugiro que a analisanda trabalhe nesse fragmento de sonho com a ajuda da imaginação.

11.5.4 Excurso: trabalho imaginativo com sonhos

Acredito ser proveitoso reviver as imagens de um sonho na imaginação e, no caso de sonhos de caráter fragmentário, continuar a moldar cada uma das imagens no fazer imaginativo. Quando trabalhamos com sonhos na imaginação, em geral entramos em contato com o conteúdo emocional neles presente.

Os motivos imaginários que têm sua origem em sonhos – reais e dos quais ainda nos lembramos – de fato dizem respeito a nós mesmos e têm algo a ver com o nosso processo psicológico vigente.

Existem várias maneiras de proceder: concentrar-se na imagem do sonho que mais nos desperta a atenção, que nos é muito misteriosa ou até mesmo obscura. Podemos ainda reviver cena após cena do sonho em nossa imaginação. É claro que é possível que o sonho adquira contornos distintos por meio da imaginação quando comparado com o sonho registrado. Certamente haverá um processamento adicional do conteúdo onírico. Um processamento inicial ocorre quando o sonho é lembrado e registrado. Não podemos esperar que o "sonho original" seja simplesmente imaginado de novo quando o traduzimos mais uma vez em imagens.

O sonho na imaginação é uma possibilidade de trabalho; desenhar um sonho, representá-lo com técnicas psicodramáticas e interpretá-lo são outras. O trabalho com sonhos na imaginação não se afasta das emoções nem exclui outras formas de explorá-los. Assim, em geral, quando tratado por meio da imaginação, um sonho pode ser entendido de maneira mais abrangente do que quando a pessoa simplesmente reúne associações às imagens individuais. Entretanto, essa coleta de ideias sobre o sonho, como parte de sua interpretação, também pode ser abstrata ou muito visual.

* * *

Após um período de relaxamento, peço à analisanda que imagine a cozinha de sua avó da forma mais vívida possível. Ela descreve a cozinha:

> É um espaço escuro, grande, com um fogão em um canto, não elétrico, mas que ainda precisa ser aquecido com lenha. Também sinto cheiro de lenha, talvez apenas de fumaça – como naquela época, na casa da minha avó. A fumaça arde nos olhos. O leite transbordou. Vovó corre até o fogão para pegar o leite. Ela tropeça na galinha, que tinha um nome..." (Ela tenta se lembrar do nome. De repente...) "As cortinas têm uma estampa quadriculada vermelha e branca. A galinha se chama Alma... Agora não consigo pensar em mais nada.

A analisanda começa a se espreguiçar, quer se desprender das imagens. Tenho a impressão de que a imaginação ainda não terminou. A avó quase tropeçou na galinha, e a analisanda também – por não encontrar o nome que era tão importante para ela. Portanto, pergunto à analisanda se consegue se concentrar na galinha.

> A analisanda diz: "Ela cacareja terrivelmente e risca o chão com a pata. Ela vai até o fogão, vai até onde o gato estava em meu sonho". (Longo silêncio.)
>
> Eu pergunto: "Qual é a aparência do gato agora?"
>
> Ela: "Não estou olhando para o gato do sonho, mas para um dos gatos da minha avó. Ele é terrivelmente grande".
>
> Eu pergunto: "Qual é o tamanho dele em sua imaginação?"
>
> Ela: "O gato e eu temos quase o mesmo tamanho, parece que o gato é mais alto, e eu devo ter uns 5 anos de idade. Procuro minha avó, quero correr até ela. Agora minha avó não está mais sentada ali. Estou toda agitada; o gato corcunda está ficando cada vez maior, e minha avó não está ali. Não consigo fugir".
>
> A analisanda faz outra pausa, e eu não espero muito para intervir, pois tenho a impressão de que está bastante ansiosa. Minha intervenção: "Olhe para o gato, olhe nos olhos dele".
>
> Ela: "Ele tem olhos muito selvagens, está prestes a pular".
>
> Minha intervenção não aliviou o medo. Então, pergunto: "Não há uma tigela de leite por perto?" Menciono a tigela de leite porque alimentar o animal pode ajudar.

A analisanda: "Sim, eu a ofereço ao gato, ele toma o leite e fica tranquilo. Eu saio, pensando: "Isso foi muito bom. Não sei por que os gatos têm algo contra mim".

Ela nega veementemente minha pergunta sobre a possibilidade de ser o contrário, ou seja, que ela tenha algo contra os gatos.

"Estou voltando para a cozinha agora e posso ver o gato do sonho em cima do fogão. Ele não está se movendo, não está se movendo. Está apenas mexendo os olhos; não tira os olhos de mim de jeito nenhum. Nada pode ser feito".

A analisanda fica em silêncio novamente.

Ainda acho que a situação não acabou e intervenho de novo: "Ele ainda está deitado ali, como se quisesse lhe dizer algo. O que ele diria a você se pudesse falar?"

"Ele diria..." – e a resposta vem num piscar de olhos: "Este lugar no fogão é meu, não deixarei que ninguém o tome de mim, muito menos você. Este lugar é agradável e quente; eu me sinto confortável aqui. Por que você não tenta me expulsar?" Sinto-me impotente. Tenho muita vontade de afugentá-lo. Não é higiênico que ele esteja deitado ali, mas também quero afugentá-lo porque pretendo me aproximar do fogão. Eu me afasto com tristeza. Então me ocorre uma ideia: "Talvez eu consiga fazer isso com o leite..." Despejo o leite fazendo muito barulho. O gato pisca com um olho e fecha o outro; ele realmente não sabe ou não quer entregar as cartas. Então, ele pula no chão, fica todo esticado e finge que não saiu de seu lugar quentinho para ir até o leite. Mas ele começa a se agitar. Eu vou até minha avó e digo a ela que domei o gato selvagem".

A analisanda ri, abre os olhos e se espreguiça.

Nas imaginações, a questão não é apenas quando intervir como terapeuta, mas também em que momento essa imaginação pode ser encerrada. Se o imaginador parar de imaginar por vontade própria, esse pode ser o momento certo para encerrar temporariamente a imaginação; contudo, ainda é possível que ele esteja vivenciando um ponto na imaginação que seja particularmente problemático, que desencadeie emoções fortes, que possa até ser um momento-chave do qual ele tenha medo.

A analisanda pode parar aqui porque tem a sensação de ter vencido o confronto com esse gato pela primeira vez. Ela sente a necessidade de contar a história de sucesso para a avó. Ela sente que alcançou certo nível de competência ao lidar com esse gato em particular.

11.5.5 Associações provocadas pela imaginação

A analisanda diz que sua avó sempre ficava muito triste com o fato de a neta sentir tanto medo dos animais que ela, a avó, gostava de ter por perto.

> Acredito que ela achava bastante perturbadoras as preocupações com higiene que eu expressava quando era bem jovem. Minha irmã era muito menos problemática; ela mesma era igual a um gatinho, tão fofa e aconchegante, e conseguia expressar seu bem-estar de modo muito convincente. Ela sempre ocupava meu lugar na casa da minha avó. Ela poderia ter dito: "Este lugar é meu, não vou deixar ninguém tirá-lo de mim".

Essa lembrança conecta sua imaginação com a história de sua infância: agora, de repente, a irmã aparece como um gatinho fofo que tira o lugar dela na casa da avó. Para a analisanda, conforme ela mesma acreditava, só restava o papel do gato agressivo que arranha. A irmã era gentil, e ela mesma, a analisanda, estava com raiva, mas isso só acontecia na casa da avó. Teria sido importante para ela ser vista pela avó como uma criança particularmente doce. Essa questão não tinha sido abordada quando analisamos sua história de vida.

Seu medo de gatos pode estar relacionado ao fato de, justamente por causa desse medo, ela tocá-los de forma rude, razão pela qual era arranhada de vez em quando. No entanto, o medo de gatos também pode remeter ao medo da irmã, a quem associava raiva excessiva e rivalidade reprimida, coisas que não ousava expressar porque também dependia da ajuda da irmã. É melhor odiar os gatos terríveis do que a irmã de quem se depende.

No entanto, se considerarmos o gato em um contexto simbólico mais amplo e nos lembrarmos de que a avó da analisanda tem um relacionamento próximo com animais em geral, sobretudo com gatos – ou seja, a avó tem um relacionamento extremamente bom com o reino animal e quase chega a ser a imagem terrena de uma senhora dos animais (cf. Neumann, 1974, p. 255ss.), uma deusa mãe, que tem um jeito especial de lidar com os bichos –, o medo de gatos experimentado pela analisanda poderia significar que ela receia uma feminilidade instintiva desde a infância, uma feminilidade que também tem a ver com a vivência da natureza sedutora e felina das mulheres – pelo menos até certo ponto, como acontece com sua irmã. Quando esse tema é abordado nos sonhos e na imaginação, não se trata apenas de lembranças de acolhimento na cozinha da avó e da repulsa associada a isso, não se trata apenas da rivalidade com a irmã, que roubou o melhor lugar na casa da avó, trata-se também de um tema de individuação: do relacionamento com seu lado feminino e felino, que está ligado à fisicalidade, à ternura e ainda a um grande desejo de autonomia. Todas essas dimensões precisam ser consideradas.

Mesmo que as muitas cenas imaginadas influenciem nossos sentimentos, deem a nós uma sensação de competência ao lidar com os tópicos abordados, coloquem-nos em contato com as emoções associadas a eles e, assim, nos forneçam energia para enfrentar determinados problemas, parece-me muito importante que as associações e ideias sejam articuladas para tais imaginações e que estas sejam, portanto, vinculadas à história de vida do paciente e questionadas em relação à sua perspectiva futura.

11.5.6 Observações sobre a intervenção

Usei esse exemplo não apenas para mostrar uma imaginação com animais, mas para apontar a técnica de intervenção. Fica claro que essas intervenções se baseiam em um sentimento relacionado ao processo psicológico e que, às vezes, elas podem estar erradas, sendo necessário, então, recorrer a outras estratégias. Esse exemplo também mostra que, entre as fases de imaginação, as quais são bastante curtas no caso dessa analisanda, se inserem as fases de reflexão e, com um novo *insight*, volta-se às imagens e emoções predominantes.

Esse exemplo ainda revela que as intervenções feitas pelo terapeuta são imediatamente internalizadas, podendo ser aprendidas e aplicadas. Na mesma imaginação, a analisanda diz a si mesma que talvez possa tentar usar o leite novamente. Esse me parece ser o principal objetivo da intervenção: fazer com que as pessoas cujo fluxo de imagens internas fica inicialmente represado repetidas vezes, o que poderia desanimá-las a ponto de desistirem de imaginar, aprendam a se comportar em situações difíceis na imaginação. Em uma imaginação posterior da mesma analisanda (na 73ª sessão), fica claro que as estratégias de intervenção são aprendidas. O ponto de partida para a imaginação é novamente um sonho:

> Estou em minha cozinha. Um gato selvagem está chiando, correndo, derrubando louças. Tenho muito medo de que ele pegue os pintinhos e os mate. Não sei se devo proteger os pintinhos ou apaziguar o gato selvagem. Acordo assustada, mas também com raiva. Acabei não completando mais um sonho.

Ela está determinada a encerrar o sonho em uma imaginação. Depois de um exercício de relaxamento, peço que visualize as imagens do sonho mais uma vez. Ela se entusiasma com os pintinhos fofos:

> Eles despertam em mim sentimentos de ternura e carinho. É preciso ser muito gentil com esses pintinhos. E há um animal selvagem, cheio de energia, agressivo, zangado, provavelmente por causa da presença dos pintinhos. É um gato vermelho bem grande, com olhos brilhantes, como sempre. Não estou tão assustada como costumava estar, mas não sei como lidar com isso. Quero olhar para o gato, mirá-lo, mas ele está desenfreado. Só resta o leite. Pego a tigela com leite. O gato se acalma um pouco, mas olha para mim com muita desconfiança e se aproxima de lado da tigela com leite. Porém, um pintinho chega antes. Meu coração quase para. Rapidamente coloco o pintinho no bolso. O gato chia de raiva. Quero acariciá-lo, mas sei que não posso – ele me arranharia, talvez até arrancasse meus olhos. Lembro-me do fígado – o fígado! Pego um pouco de fígado na geladeira. Agora esse gato maluco finalmente se acalma. Recolho os pintinhos sem perder o gato de vista. Terei que domá-lo. Vou trancar os pintinhos no armário da cozinha por um tempo.

Então, ela considera que essa imaginação está concluída. É claro que podemos nos perguntar se um problema encontrou conclusão temporária aqui, se esse problema foi apresentado de tal forma que possa ser trabalhado novamente na próxima sequência de imaginação ou se há um confronto sendo evitado.

De início, achei que o problema tivesse sido resolvido, mas não perguntei como estavam os pintinhos no armário da cozinha. Simplesmente supus que se tratava de um armário antigo, como o que minha avó tinha, com bastante circulação de ar. Portanto, pude aceitar a decisão da analisanda de interromper a imaginação por ora. (Na imaginação seguinte, descobri que os pintinhos estavam ótimos.)

Essa imaginação mostra que a imaginadora já domina as estratégias para lidar com os animais e também tem novas ideias. A ideia com o fígado é muito significativa, pois ela mal consegue tocar no fígado porque sente nojo dessa "coisa sangrenta e melecada". Posteriormente, ela disse que também teve de superar muita coisa em sua imaginação. Contou-me em detalhes como foi horrível tocar o fígado. Sonho e imaginação ainda deixaram claro que o gato e os pintinhos, que antes ficavam com a avó, agora estavam muito mais próximos dela, em sua própria cozinha.

Mas ela ainda tem dificuldades com o gato selvagem, que a desafia a tocar o fígado, a lidar com sentimentos que antes ela detestava, a tocar coisas de forma muito concreta e que lhe parecem demasiadamente humanas. O fígado costumava ser considerado a sede da vida – somente quando ela consegue "meter a mão" na plenitude da vida é que o gato selvagem pode viver nela de um jeito apropriado para ele.

11.6 Como encerrar uma imaginação

Não é necessário intervir por tanto tempo, manter o progresso da imaginação até que um problema seja de fato resolvido. De acordo com minhas observações, basta que o problema seja revelado adequadamente e que as imagens individuais sejam vivenciadas de maneira expressiva. Os lados opostos em uma imaginação podem, assim, se desdobrar completamente em sua essência.

No entanto, é preciso perguntar se, em uma situação na qual as imagens se tornam tão vívidas e convincentes que nos sentimos incapazes de suportar as emoções associadas a elas, devemos interromper a imaginação e continuá-la no dia seguinte. Às vezes, ficamos surpresos quando a emoção correta não ressurge no dia posterior. Existem processos internos que amadurecem num momento específico, nem antes nem depois. Se não reconhecemos esse momento, perdemos alguma coisa.

Pode fazer sentido que nos afastemos das imagens internas em razão de a emoção associada a elas ser muito forte. Esta é uma questão da sensibilidade do terapeuta: decidir intervir em tal momento com o objetivo de impedir que as imagens internas sejam interrompidas ou optar por afastar o imaginador de suas imagens.

Se as imaginações ocorrem na situação terapêutica, o terapeuta sente as energias associadas às imagens e o grau de ansiedade que elas desencadeiam.

Quando o terapeuta faz com que uma imaginação seja concluída antes do momento apropriado para o imaginador, é comum que este resista e se sinta incompreendido. Nesse caso, terapeuta e paciente podem se concentrar na última imagem lembrada e aguardar a transformação das imagens internas.

11.7 Como lidar com obstáculos

Muitas vezes, queremos criar uma imaginação em situações nas quais nossa vida se apresenta como problemática; quando isso acontece, a imaginação sempre retrata conflitos. Inicialmente, os conflitos podem aparecer como obstáculos na sequência de imagens e paralisar seu fluxo interno. Portanto, as estratégias de intervenção são essenciais. Não raro, uma pessoa experimenta repetidamente alguns obstáculos semelhantes em sua vida, que também são retratados na imaginação.

Em geral, esses obstáculos se expressam espontaneamente em imagens; também pode ocorrer de acordarmos com uma imagem onírica que tenha a prevenção como tema. No entanto, se estivermos interessados nos obstáculos com que temos de lidar, podemos usar um motivo específico como ponto de partida para uma imaginação.

Possíveis instruções para uma imaginação (após breve período de relaxamento):

> Imagine um riacho ou um rio.
>
> Observe os arredores por onde ele flui.
>
> (Depois de mais ou menos um minuto:) Há obstáculos no córrego ou no leito do rio que impedem o fluxo da água.
>
> Olhe atentamente para esses obstáculos e observe como a água ainda encontra seu caminho.
>
> (Depois de mais ou menos dois minutos:) Se quiser, imagine-se sendo a água e procure seu caminho apesar dos obstáculos.

Ao inserir o motivo da água que flui, trago para a imaginação a visão de que a vida é um fluxo eterno, embora esse fluxo seja sempre impedido por obstáculos que o paralisam e, possivelmente, obrigam o rio a encontrar novas maneiras de fluir. No entanto, também expresso o fato de que, em última análise, a água é, em seu movimento, mais forte que os obstáculos que se colocam em seu caminho. O fluxo da vida continua, quaisquer que sejam os obstáculos.

Naturalmente, surge agora a pergunta sobre que tipo de obstáculos são colocados no leito do riacho ou do rio na imaginação. Esses obstáculos estão relacionados àqueles que encontramos no dia a dia; a maneira como o riacho ou o rio flui em torno deles nos permite tirar conclusões sobre as formas de abordá-los.

Entretanto, também podemos esperar que uma maneira nova e criativa de lidar com os obstáculos seja encontrada na imaginação. Nesta, o sentimento experimentado diante dos obstáculos costuma corresponder ao sentimento que os estorvos reais evocam na vida cotidiana. Comumente, porém, é mais fácil reconhecer um sentimento na imaginação do que no dia a dia. Assim, o sentimento experimentado na imaginação nos leva a perguntar a nós mesmos se não o vivenciaríamos em situações equivalentes na vida diária, se assim permitíssemos.

11.7.1 Um exemplo da prática terapêutica

Mesmo na ausência da instrução para que se imagine o obstáculo em um riacho ou rio, essa imagem é usada espontaneamente para representar um estorvo em uma situação da vida.

Um homem deprimido de 58 anos de idade, que está prestes a se aposentar, vem à terapia porque perdeu o interesse pela vida. Quando alguém está deprimido, gosto de deixá-lo imaginar o motivo do rio para ver em quais áreas de sua vida ainda há fluxo. Para além disso, esse motivo sempre tem efeito revitalizante.

> Em sua imaginação espontânea, o homem vê um rio no alto das montanhas; esse rio é extremamente frio e corre muito rápido, avançando de pedra em pedra. De repente, uma montanha se ergue no rio e, quanto mais o imaginador olha para ela, maior ela fica. A montanha bloqueia o rio. O rio não consegue passar. Tenta pela direita, tenta pela esquerda, tenta com muita energia, depois com calma, com pouca pressão, mas simplesmente não consegue passar; foi estancado. Agora, o rio é forçado a fluir para trás; ele não fica represado, mas flui para trás e de alguma forma se perde. Ele simplesmente escorre, infiltra-se no solo.
>
> Como o imaginador permanece em silêncio, surpreso e perplexo, eu pergunto: "Para onde vai a água?"
>
> Ele pensa por muito tempo e então, com um sorriso malicioso, diz: "A água se acumula em um rio subterrâneo. O rio simplesmente passa por baixo. Eu fluo no fundo da terra".
>
> Eu: "Como você se sente nessa condição de rio que flui no fundo da terra?"
>
> Ele: "Bem, eu me sinto bem sendo um rio que flui no fundo, mas esse rio flui muito lentamente agora, não consegue mais correr como fazia no topo da montanha".

Essa imaginação é uma sequência espontânea de imagens de um riacho ou rio. Não pedi ao imaginador que imaginasse uma obstrução no rio; a imagem do obstáculo também surgiu espontaneamente: uma montanha bloqueia o fluxo desse rio, forçando-o a buscar um leito diferente.

Muitas vezes, a água precisa contornar pedregulhos em riachos nas montanhas; mas, quando uma montanha inteira aparece e bloqueia o caminho, pensamos num deslizamento de rochas.

Quando lhe pergunto sobre a montanha que está diante dele, o homem começa a falar sobre o trabalho inacabado que o sobrecarrega, sobre o desejo de retomar muito do que deixou de lado ao longo da vida – essas coisas também são montanhas. Ele não menciona a aposentadoria obrigatória, a qual poderia estar representada na imagem da montanha que obstrui o leito do rio.

Quando menciono sua aposentadoria, ele diz achar que isso lhe trará melhor qualidade de vida. A aposentadoria precoce é normal em uma profissão em que se tem muita responsabilidade. Em seguida, ele lista alguns colegas que também se aposentaram precocemente. Tenta passar a impressão de que essa aposentadoria obrigatória é um favor para ele. Entretanto, não menciona que não queria se aposentar; em vez disso, relata que a aposentadoria foi imposta por alguém de fora.

Ele também não entende por que reagiu à situação com uma depressão. É apenas a montanha, razão do represamento de seu fluxo, que o leva a refletir sobre como ele acha injusta essa aposentadoria precoce, como é ofensivo o fato de ser obrigado a se aposentar tão cedo, mas também como a vida que o espera parece ser uma montanha incontornável.

Na imaginação, contornar a montanha é impossível porque ela se encontra num desfiladeiro. O paciente, identificando-se com a água, deve ter a impressão de que sua vida está limitada. O desfiladeiro o faz lembrar de sua idade e dos caminhos que sempre tomou na vida, os quais estão "desgastados" como um desfiladeiro. Ele também se lembra de que não consegue ter uma visão geral da situação.

Um dos problemas de seu envelhecimento é o temor de não ter um relacionamento com a esposa, de modo que se vê enfrentando grandes problemas nessa relação quando não tiver mais seu emprego.

A imaginação deixa claro: ele não pode continuar assim. Ele é – como o riacho – incrivelmente ágil: quer passar pela direita, pela esquerda, tenta contornar o obstáculo, procura fazer isso com muito ímpeto e também com energia suave. Ele tem muitas maneiras de resolver problemas. Mas a solução é que o rio precisa reverter seu fluxo. O imaginador rejeita a ideia de que a água poderia, em algum momento, ser represada a ponto de passar por cima da montanha, porque, em sua imaginação, a montanha também cresce cada vez mais.

A imaginação mostra que é preciso dar meia-volta. O que surpreende é que o riacho acaba "se perdendo" quando seu curso é revertido. É assim, diz o imaginador, que ele se sente no momento; ele conhece o obstáculo em sua vida, sente que precisa seguir um caminho diferente, mas, de alguma forma, toda a sua energia está se esvaindo. Essa é a imagem de sua depressão.

Sem uma intervenção, ele teria encerrado a imaginação aqui; sua depressão teria sido confirmada, por assim dizer, pela sequência de imagens. A princípio, minha intervenção surgiu de uma ideia figurativa: a água não desaparece simplesmente, ela se encontra num ciclo eterno; portanto, precisa reaparecer em algum lugar. Ela pode mudar sua aparência, mas não pode se perder. Ou seja, mesmo em um estado depressivo, a energia não se perde, mas deve ser resgatada. O paciente precisa buscar algo que possa estimulá-lo, ainda que em pequena medida.

Esse rio subterrâneo parece inspirar o imaginador, sinalizando que sua vida, embora escondida, ainda flui. Poderíamos ter procurado esse rio. Mas não me pareceu importante fazê-lo naquele momento. O essencial era que o homem vivenciasse a sensação que a imagem do rio poderia desencadear nele – mesmo que apenas por um dia, como me disse depois. Ele se sentiu bem como um rio que flui dentro da terra e, pela primeira vez, teve esperança de que sua vida pudesse voltar a fluir. Foi somente quando experimentou essa sensação de vida que ele conseguiu lidar com a montanha à sua frente, a montanha de problemas com os quais precisava lidar de alguma forma.

Depois disso, o homem diz que essa imagem também corresponde a seus sentimentos atuais: por um lado, tem a impressão de que tudo está escorrendo entre seus dedos, que não tem força, energia nem impulso; por outro lado, também sente que algo está vivo dentro de si, não de forma tão evidente, mas está vivo, ainda que de modo bem menos intenso do que ele gostaria.

Muito mais tarde, no decorrer da terapia, voltamos a essa imagem do rio subterrâneo por causa de um sonho. Ficou claro para ele que esse rio subterrâneo também era o rio do esquecimento, que esse confronto violento com a idade, evitado anteriormente, causara nele o surgimento de uma imagem cujo propósito era sinalizar que a água estava retornando para sua fonte, que ele precisava lidar com a questão da morte. Entretanto, essa interpretação não era urgente para nós na época em que ele desenvolveu essa sequência de imagens. O tema da reversão do fluxo era o que mais importava, assim como a experiência de ainda se reconhecer no fluxo da vida.

As imaginações nas quais aparecem obstáculos - algo que acontece com frequência - podem facilmente ser interrompidas se não for possível intervir para que o paciente consiga lidar com as imagens.

11.8 A imaginação como representação de uma crise

Os obstáculos representados na imaginação também podem ser aproximados da consciência por meio de intervenções; o imaginador pode então lidar com eles com maior facilidade e estabelecer uma relação entre as imagens e o dia a dia.

11.8.1 Um exemplo da terapia

Um homem de 22 anos estava prestes a fazer um exame na universidade. Até então, ele não havia se destacado em nenhum aspecto. Agora, porém, procura ajuda porque se sente confuso e tem a impressão de que não é capaz de enfrentar os exames. É um caso de intervenção em situação de crise (Kast, 2011), o que consiste em descobrir qual área da vida está realmente em estado crítico e quais mudanças precisam ser feitas. Raramente a situação que desencadeou a crise é a razão pela qual a vida de uma pessoa está em crise.

Peço ao estudante que imagine um rio ou riacho no qual há um obstáculo (cf. *11.7 Como lidar com obstáculos*).

> "Vejo um rio, com uma largura de dez a doze metros, e campos verdes. O rio flui rapidamente; é reto, sem curvas. Sem curvas significa sem mudanças de rumo. De repente, tudo congela. Toda a água congela."
> Enquanto ele diz isso, seu corpo fica muito tenso, e sua voz expressa medo.
> Eu intervenho: "Isso não é possível, provavelmente ainda exista água fluindo por debaixo do gelo".
> Peço que olhe para a imagem com muito cuidado e calma.
> "Não, está congelado. Totalmente congelado."

O estudante suspira, abre os olhos e parece perdido. Essa é uma imagem da situação dele; é possível trabalhar com ela.

Muitas vezes, as imaginações em que há obstáculos não envolvem sequências inteiras de imagens; a dificuldade é retratada em imagem única.

Na situação terapêutica, tento ver as imagens do imaginador da forma mais vívida possível; sempre peço que as descreva em detalhes, pois a regra também se aplica a mim: quando deixo de perceber algo, por exemplo, por falta de informação, passo a reagir com base em minhas ideias sobre essas imagens internas. Para poder ter empatia, no entanto, preciso me envolver com tais imagens da melhor maneira possível, embora busque me distanciar das emoções que elas desencadeiam, para decidir se quero intervir.

Eu tive sentimentos diferentes com relação a essa imaginação: primeiro, fiquei impressionada com esse rio muito largo, que já fluía lentamente em minha imaginação; depois, fiquei chocada com esse processo de congelamento repentino, que me pareceu muito dramático.

Perguntei-lhe o que o havia causado o congelamento do rio.

"O medo do exame."

O que me vem à mente é uma súbita frieza emocional, talvez devido a uma decepção em um relacionamento. Então ele conta que tinha uma namorada, que eles terminaram, que ela o criticava duramente, que o assunto estava encerrado para ele – e lhe era desimportante. Ele raramente via essa mulher, pois precisava se preparar para os exames.

Quando perguntei como a mulher se sentia em relação a essa situação, ele respondeu que acreditava que, para ela, tudo estava bem.

Peço que visualize novamente a imagem do rio congelado e pergunto se existe uma saída para esse rio ou se terá que permanecer congelado para sempre. Ele consegue visualizar o rio de novo, sente o frio da água e diz que se sente imóvel, frio e vazio igual ao rio.

Existe uma saída?

"Há várias pessoas que poderiam vir cortar o gelo."

Pergunto se ele consegue ver quantas pessoas estão vindo para cortar o gelo.

Ele não consegue visualizar isso, foi apenas uma ideia. É claro que ele também poderia esperar até que as temperaturas mais altas da primavera descongelassem o rio.

Não gosto de nenhuma das soluções: rejeito a primeira porque o imaginador simplesmente quer que outras pessoas trabalhem para ele enquanto permanece passivo; e rejeito a segunda porque esperar não é uma opção nessa circunstância.

Eu me pergunto se esse jovem é um pouco dependente, se ele se encontra numa situação de vida em que nem tudo é tão bem-sucedido, se ele não está assumindo o papel de uma criança que pede ajuda aos outros. Também pondero até que ponto ele só pensa em si quando o assunto é seu problema. Fiquei um pouco surpresa quando me disse que a situação não representava problema nenhum para a namorada. Ou será que ele realmente está tão congelado a ponto de não ter mais ideias próprias, de não ter mais nenhuma energia para mudar sua condição?

Para esclarecer minhas hipóteses, peço que me descreva os arredores do rio. A imagem deve deixar claro em que medida a situação de vida desse jovem está congelada.

Ele descreve os arredores do rio como sendo de um verde exuberante; esse campo verde esplendoroso combina com ele – o jovem passa a impressão de ser alguém que, de resto, encontra-se numa fase extremamente vívida e florescente.

Então, mais uma vez, ofereço a ele a interpretação de que o gelo pode ter algo a ver com um choque emocional e exponho a impressão de que ele está dizendo a si mesmo: "Espero que agora os outros cuidem de mim e me ajudem a recuperar meu estado antigo".

Ele aceita essa interpretação com um sorriso.

Pergunto quem ele estaria punindo se não passasse na prova.

"Minha namorada, é claro."

Ao mesmo tempo em que afirma isso, ele diz para si mesmo: "Ah, odeio quando me faço de vítima".

Quando pergunto como seria o rio que realmente gostaria de ter, a resposta é: "Mais vivo do que o rio que vi, mais selvagem também, talvez até mais largo, mas com uma água que corre livremente".

Em seguida, ele me diz que detesta curvas em rios porque elas impedem o fluxo da água. Também imagina que uma curva no rio o impediria de descer a corredeira em um caiaque, por exemplo. Fico impressionada ao ver os medos associados à curva de um rio.

Embora ele só tenha me falado sobre a curva do rio, tenho a impressão de que se viu em um caiaque nessa curva, percebendo-se incapaz de passar por ela, por essa mudança de direção, e se dando conta de que esse era o motivo pelo qual se sentia totalmente irritado com a tal curva.

É possível que ele tenha evitado se ver no caiaque na curva do rio porque isso teria evidenciado que o problema era dele, o que influenciaria sua autoimagem. Em vez disso, preferiu se concentrar no rio congelado. É igualmente possível que eu tenha transformado sua história em uma imagem, na imagem que me pareceu expressar sua situação, contra a qual ele se defende. Entretanto, pode-se supor, ainda, que ele tenha transferido o medo do rio congelado para uma eventual curva no rio.

Uma vez que essa interpretação, que não compartilhei com ele, parecia ser coerente para mim, decidi intercalar uma imaginação de relaxamento para aliviá-lo. Ele também havia me dito que dormia muito mal. Se as pessoas conseguem se concentrar bem em uma imagem de relaxamento que seja importante para elas, isso pode ter um efeito positivo na qualidade de seu sono. Assim, era importante que eu encontrasse uma imagem de relaxamento para aquele jovem e o conduzisse pela primeira vez para que ele pudesse fazer esse exercício de visualização em casa.

Após uma sessão de relaxamento, dei-lhe as seguintes instruções:

> Imagine um local coberto de água em que você gostaria de nadar.
> Quão quente você quer que ela seja?

> Que tamanho que você gostaria que esse lugar tivesse?
> Ele é coberto ou se encontra ao ar livre?
> Escolha o grau de limpeza que você quer que a água tenha, caso esteja ao ar livre. Escolha também o clima que lhe parece adequado ao banho.
> Apenas deite-se na água e aproveite.
> Você não precisa fazer nada, simplesmente aprecie.
> Não tem como você se afogar.

Esperei por cerca de um minuto; então, pedi que ele saísse da água, tomasse uma ducha refrescante, desligasse aquelas imagens em sua mente e abrisse os olhos.

O imaginador imagina um poço de água quente na Islândia, com cerca de dois metros de diâmetro. Ele entra e diz: "Consigo relaxar bem, espreguiçar-me, sonhar com o céu..."

Nesse intervalo, ele pergunta de repente: "O que estou fazendo com a cabeça? Preciso firmá-la, senão ela afunda. Mas se eu tiver que firmá-la, não poderei relaxar completamente".

Sugiro que ele coloque uma boia em volta do pescoço, como as que as crianças usam. A solução lhe agrada. Ele relaxa novamente. Fala pouco, apenas: "Estou sonhando com o céu. É agradável e quente. Sinto-me seguro".

Ele deve visualizar essa imagem da forma mais intensa possível por cerca de meia hora à noite, antes de dormir.

É claro que faz mais sentido deixar que os imaginadores desenvolvam imagens de relaxamento por conta própria. Entretanto, como esse jovem estava em uma crise, dei a ele motivos de imagens de relaxamento frequentes. Também lhe ofereci a boia – em outras palavras, imagens bastante indulgentes. Sua reação deixou claro que isso "combinava" com ele, que ele conseguia ver imagens que o relaxam. Depois de três dias, na sessão seguinte, voltamos a nos concentrar no motivo do rio.

Quando o paciente imagina uma única imagem que descreve a situação problemática de sua vida, faz sentido olhar para essa imagem repetidas vezes para observar as mudanças que nela ocorrem.

> Desta vez, ele vê um rio com cerca de cinco metros de largura; o rio continua fluindo por uma paisagem muito verde, a grama até cresceu um pouco. A superfície ainda está congelada, mas ele acha que consegue ouvir barulho de água.
> Tenho a impressão de que ele está me perguntando: "Você acha que vai conseguir derreter esse gelo hoje?"
> Ao perguntar: "O gelo vai quebrar?", informo que não serei eu quem vai quebrar o gelo. Depois de um longo período de silêncio, ele diz: "Agora tenho dois sentimentos muito diferentes".
> Peço que visualize esses dois sentimentos diferentes em duas imagens distintas.
> "Eu me vejo duas vezes."
> "Como?"
> "Vejo um homem gelado e um homem com roupa de jogador de tênis".
> "Como você descreveria o homem gelado?"
> "Ele é pesado, sobrecarregado."
> "E o homem com roupa de tênis?"
> "É leve, poderoso, sedutor. Ele atrai os olhares das mulheres".
> O conflito que se expressa em seus sentimentos contraditórios, e também se expressou na imagem do rio que primeiro flui e depois conge-

la, agora é levado a um nível mais próximo do jovem. Ele se vê duas vezes, em oposição, mas consegue olhar para si mesmo.

Sugiro que faça com que esses dois homens digam para sua ex-namorada uma frase cada um, supondo que a decepção com essa mulher talvez seja seu principal problema e que esses dois tipos de homem podem representar maneiras diferentes de ele se apresentar a ela. É claro que também seria possível considerá-los imagens de transferência; o relacionamento comigo teria, então, revitalizado esses dois homens nele, tornando-os tangíveis.

O homem gelado diz à ex-namorada: "Estou sobrecarregado. Eu me sinto só; nunca mais poderei amar. Não sou amado, por isso quero ser uma reprovação ambulante para você".

Fica evidente que ele é menos capaz de se identificar com o jovem que usa roupa de tênis, pois fala a partir de uma posição de observação: "Ele conversa com ela, é encantador, mas agora se vira e diz: 'Existem outras mulheres também'".

Pergunto se esses dois rapazes poderiam conversar um com o outro. Eles não conseguem.

Então, peço a um deles que acuse o outro usando clichês. Minha intenção é permitir que as duas autoimagens dialoguem entre si, pois elas me parecem representar possibilidades bem diferentes de comportamento, cada uma sendo muito unilateral em si mesma.

O homem gelado diz ao homem com roupa de tênis: "Seu fanfarrão, seu Don Juan, seu falso miserável; você não é assim, apenas gostaria de ser assim".

O homem com roupa de tênis diz ao homem gelado: "Seu vitimizador, traficante de culpa, chantagista, miserável".

Fica claro que o estudante consegue se identificar muito mais intensamente com o homem gelado e vê o homem com roupa de tênis mais como uma fantasia, uma forma de compensar a situação difícil que atravessa. Esses dois lados se opõem.

Continuo perguntando se de fato são personagens assim tão ruins, se cada um deles realmente não tem boas oportunidades na vida.

"Sim, o homem com roupa de tênis tem uma boa imagem corporal e boa autoestima. Acredita no futuro, mas também é falso; não é totalmente honesto."

Ele não consegue encontrar nada positivo que possa dizer sobre o homem gelado: "É apenas um cara estúpido. Sou assim quando sou ofendido; eu me retiro. Meu pai fazia isso, meu avô também. Então fico passivo, não digo nada, mas o ar fica gelado e carregado de tensão. Não gosto dessa reação, mas muitas vezes reajo desse jeito".

Ele não dá conta de pensar em algo bom para dizer a esse homem. Argumento que há um ser humano escondido sob essa armadura de gelo, que esse humano só mostra a armadura como um modo de se proteger. Falando de si, o rapaz diz que pode ser um homem muito sensível e impressionável, com sentimentos que não consegue admitir, e por isso age com frieza.

Peço que expresse sua decepção com a namorada e sua raiva em relação a ela.

Completamente surpreso, ele me diz que não sabe de que tipo de raiva estou falando e que eu o confundi.

Decido então deixá-lo fazer a imaginação de relaxamento que praticamos na última sessão.

Na sessão seguinte, continuamos trabalhando essa questão. Sua confusão tinha a ver com o fato de que o problema, claramente abordado na imagem, havia sido transferido por mim para a dimensão cotidiana. Isso desencadeou mais ansiedade, contra a qual ele teve de se defender.

Em nova sessão, depois de quatro dias, ele diz que seu sono está melhor graças às imagens de relaxamento. Também comenta que seu trabalho está um pouco melhor, mas que precisa fazer algo com relação à ex-namorada. Relata que foi falar com ela e se comportou como um idiota ofendido. Na universidade, tentou enciumá-la flertando com algumas garotas. Ela lhe disse que ele estava se comportando como uma criança birrenta, e agora ele está muito ofendido novamente.

Peço que se concentre mais uma vez na imagem do rio.

> O rio tem uma largura de uns sete metros, ainda há gelo na superfície. Por baixo da superfície, porém, o rio flui.

Ele não vê mais nada, e tenho a impressão de que ainda estamos presos. Então tenho a ideia de fazer uma viagem no tempo.

11.8.2 A viagem no tempo

Nos períodos em que estamos sob muita pressão no trabalho, nós nos consolamos com o fato de que esse estresse acabará em três ou quatro semanas. Em seguida, imaginamos como será a vida a partir de então. Também confortamos uns aos outros, dizendo que "isso" vai melhorar depois de um tempo.

Quando crianças, muitas vezes ficamos imaginando coisas relacionadas ao tempo: "Quando eu crescer..." Então, imaginamos como será quando tivermos transformado em força a fraqueza que nos faz desejar crescer.

Também sabemos, por experiência própria, que situações muito angustiantes deixam de ser percebidas dessa forma quando se tornam parte do passado distante. Certas circunstâncias vivenciadas com muito embaraço e inquietação podem se transformar em histórias engraçadas algumas semanas depois. Faz diferença se nos encontramos no meio de uma dificuldade, mergulhados em sentimentos de desesperança, ou se já superamos essa dificuldade e conseguimos julgar a situação sob uma perspectiva diferente; com humor, somos capazes de ver os aspectos engraçados da situação.

Aproveitamos essas experiências quando viajamos no tempo. Na experiência de maior angústia, tentamos adotar o ponto de vista que teremos algumas semanas, meses ou anos depois daquela ocasião. Porém, mesmo que não estejamos vivenciando uma urgência, viajar no tempo pode nos mostrar novas perspectivas. Por exemplo, podemos imaginar como gostaríamos de viver daqui a dez anos, qual será nossa aparência, como nosso corpo terá mudado, onde gostaríamos de morar, que trabalho estaremos fazendo e que interesses teremos. Uma viagem no tempo para essa situação nos mostra, por sua vez, como o poder da imaginação pode alcançar o futuro, revelando, eventualmente, aspectos de nosso ser que não havíamos considerado de início. No espelho da viagem no tempo, permitimos variações de nossa existência justamente porque, a princípio, ela ainda parece ser uma brincadeira e pode ser alterada a qualquer instante.

A técnica da viagem no tempo também possibilita que imaginemos as consequências de decisões diferentes. Se você tiver duas ofertas e não souber qual delas é melhor, poderá imaginar como viverá daqui a três anos se aceitar uma oferta e como viverá se aceitar a outra. São exatamente as fantasias que temos sobre as várias decisões e suas consequências que nos mostram quais desejos e medos associamos às várias oportunidades; é bem provável que a alternativa que nos faz fantasiar com maior entusiasmo seja aquela que nos atrai mais profundamente.

No entanto, nosso senso de realidade dificulta nossa viagem no tempo; ao fazê-la, temos que nos permitir imaginar o futuro. Então, argumentamos, por exemplo, que ainda há muito a ser considerado, coisas que não temos como saber agora. Sem dúvida, isso é verdade; porém, o objetivo de viajar no tempo não é retratar o futuro como ele será, mas, sim, como o imaginamos. Usamos tais argumentos quando não conseguimos nos divertir nessa viagem ao futuro.

É preciso uma leveza infantil para viajar no tempo dessa forma. Contudo, se na viagem formos atormentados por medos e angústias, devemos interromper essas imagens, suspendê-las e, se necessário, abandonar a técnica da viagem temporal.

Possível instrução para a imaginação:

Em primeiro lugar, ressalto mais uma vez que as imagens negativas, devem ser interrompidas, caso ocorram. Então, após um breve relaxamento, pode-se propor:

> Concentre-se em algo que o esteja incomodando, irritando, algo que seja difícil para você.
> Não precisa ser o maior problema da sua vida.
> Tente perceber os sentimentos associados a essa questão.
> Sinta também seu corpo.
> Agora, perceba que você consegue adiantar o relógio...
> Você adianta o tempo.
> Tente ver como as coisas que o estão incomodando agora, que lhe são irritantes ou difíceis, serão daqui a três semanas. Como você lida com elas?
> Deixe de lado os pensamentos negativos; o máximo que pode acontecer é você se acostumar com o problema.
> Agora, já se passaram seis meses.
> Como o problema se apresenta?
> Como ele será daqui a um ano?
> Como será daqui a cinco anos?
> Em seguida, desligue-se das imagens, mas preserve a sensação que elas causam. Observe mais uma vez seus sentimentos.
> Agora, eu gostaria de conduzi-lo por outra forma de viagem no tempo.
> Imagine um rio ou riacho com obstáculo.
> Se você nunca viu um obstáculo antes, então crie um agora.
> Atente ao curso do rio, que está muito, muito mais abaixo, bem abaixo dos obstáculos.
> Observe seus sentimentos novamente.
> Em seguida, desligue-se lentamente das imagens.

O segundo tipo de viagem no tempo tem caráter mais simbólico. A vantagem é que, assim, podemos permitir que as imagens cheguem até nós com mais facilidade; todavia, elas precisam ser interpretadas.

É claro que há problemas que não terão mudado significativamente daqui a cinco anos, nem nossa atitude em relação a eles terá mudado de modo relevante. Existem, ainda, problemas que se tornarão mais graves daqui a algum tempo. Se alguém acabou de ser diagnosticado com uma doença potencialmente fatal, o futuro pode trazer uma vida plena com essa doença, mas também pode significar a morte.

O método de viagem no tempo é menos adequado para problemas existencialmente muito significativos, sendo mais apropriado para questões que nos sobrecarregam e que tendemos a superestimar – talvez por sentirmos certo pânico.

Voltando ao exemplo: a situação adversa que não quer mudar e que abordarei com a viagem no tempo é o problema do "bloco de gelo" que se recusa a derreter porque não consegue admitir quão machucado está abaixo da superfície, quanto sofre por ter sido abandonado. Assim, dirijo-me ao estudante:

> "Como será o bloco de gelo daqui a três semanas?"
> "Terá que se esforçar muito para não descongelar."
> "Ele está fazendo esse esforço?"
> "Não, é um esforço muito grande."
> "O que significará se o bloco de gelo descongelar agora?"

> Desta vez, minhas perguntas permanecem no nível simbólico porque já percebi que o jovem consegue descrever seus problemas com muita precisão nesse contexto, mas, assim que saímos do nível simbólico e perguntamos o que essas imagens significam na situação de vida propriamente dita – e portanto, claro, também nos perguntamos sobre as possíveis consequências dessa situação –, ele reage de modo defensivo.
>
> Esse descongelamento, ele me explica, aponta para sua necessidade de admitir seus sentimentos positivos em relação à ex-namorada, mas também seu medo de ser abandonado. Ele já estava apavorado com a dependência que tinha em relação a ela, com a infelicidade que sentiria se ela o deixasse. E a natureza independente dela o estava matando.
>
> Mas a principal coisa que o magoava, percebe agora, era o fato de ela ter afirmado que ele estava se comportando como um exibicionista jovial ou como uma criancinha birrenta. Ele se lembra disso quando pergunto o que aconteceu com o homem com roupa de tênis. Ele então tentou conversar com a ex-namorada repetidas vezes em sua imaginação, dizendo-lhe quanto o comentário dela o havia magoado, porque sentia que ela estava certa.

Usamos a imaginação dessa forma com muita frequência. Entretanto, os relacionamentos também podem ser representados e vivenciados em um nível mais simbólico; isso pode revelar a proximidade e a distância, mas também a natureza dos relacionamentos (Kast, 1987c, p.

225). O essencial para o estudante durante essa conversa na imaginação foi que ele percebeu quanto não tinha sido capaz de sentir empatia pela ex-namorada até então; ele mal conseguia imaginar o que ela realmente lhe diria.

A imaginação permite treinar a empatia para com outra pessoa, mas também aqui precisamos permitir que essa pessoa fale em seu próprio idioma; não devemos simplesmente colocar na boca alheia o que nós mesmos diríamos.

12
A imaginação como diálogo com o corpo

Jung observa que, frequentemente, a formação de símbolos está associada a distúrbios físicos psicogênicos. Ele justifica essa observação bem conhecida – podemos chegar ao ponto de não perceber um símbolo no sentido figurativo, mas apenas o sintoma físico – com o fato de que "o inconsciente é a psique de todos os complexos autônomos funcionais do corpo" (OC 9/1, § 290).

Entretanto, esse fenômeno também pode ser deduzido a partir do modo como Jung define o complexo. A essência de um complexo é a emoção associada a ele, a qual, por sua vez, determina certos padrões consistentes de comportamento. As emoções são físicas. Como Damasio formula hoje: "O mundo das emoções consiste principalmente em processos que ocorrem em nosso corpo, desde a expressão facial e a postura até as mudanças nos órgãos internos e no ambiente interno" (Damasio, 2011, p. 122). Jung contribuiu muito cedo para a visão psicossomática holística do ser humano, que se tornou comum em nosso pensamento, experiência e julgamento da saúde e da doença (cf. Uexküll, & Wesiak, 1986). Não se trata de doenças psicossomáticas no sentido mais restrito, mas do fato de que o ser humano, em sua integralidade, sempre pode ser visto como um sistema no qual fatores psicológicos, somáticos e sociais interagem, de modo que problemas em determinada dimensão podem se expressar também em outra[6].

Portanto, é possível entender os sintomas físicos, a exemplo dos sintomas sociais, como símbolos; podemos permitir que os sintomas físicos sejam representados de forma imagética e em seguida trabalhar com essas imagens, tal como fazemos com aquelas que permaneceram conosco nos sonhos. O fluxo de imagens internas pode se originar de percepções corporais; o corpo pode ser um motivo que visualizamos[7].

Outra maneira de estabelecer contato imaginativo com o corpo é fazer uma viagem por ele. Visitamos nossos órgãos, tentamos perceber como eles são, se precisam de ajuda etc.

Essa forma de imaginação pode se orientar de modo muito realista pela anatomia do corpo; no entanto, também pode ser fantástica, criando imagens fantasiosas baseadas nos órgãos. Quanto mais fantásticas essas imagi-

---

6. Se os movimentos corporais forem impedidos, como balançar o pé, fantasias muito importantes podem ser observadas se você se concentrar nessa situação (Cf. OC 3, §§ 82s.; Singer & Pope, 1996, p. 26).

7. O método chamado *Focusing* aproveita isso (cf. Renn, 2006).

nações se tornam, mais elas dizem sobre nossos órgãos e nossa relação com eles.

Em vez de viajar por todo o corpo, podemos fazer contato com uma parte específica dele. É mais provável que façamos isso quando algo dói, quando queremos descobrir o que o corpo tem a nos dizer.

Possível instrução de imaginação:

> Peço a uma pessoa que tem um sintoma específico – novamente após um breve relaxamento – que se concentre no sintoma, perceba a tensão e os sentimentos associados a ela e espere que uma imagem se forme a partir dessa tensão. Muitas vezes, a imagem surge espontaneamente pelo simples fato de eu pedir à pessoa que se concentre no sintoma.

12.1 Um exemplo da prática terapêutica

Um homem de 43 anos sofre de rigidez no pescoço; a sensação é semelhante a um espasmo cervical, mas seu pescoço está travado há seis meses. Esse homem, bastante ativo, tem um emprego que lhe traz muita responsabilidade; também é bem-sucedido, tem uma família, tudo está indo razoavelmente bem. No entanto, há esse incômodo no pescoço. Decidimos trabalhar esse sintoma com a imaginação. Proponho alguns exercícios de relaxamento, sempre me concentrando na parte que será representada mais tarde.

Quando peço que se concentre no pescoço travado, o homem diz:

> "Tenho duas imagens. Uma é o jugo de um boi, e a outra... eu me vejo como um artista na arena de um circo; carrego uma poltrona em uma vara sobre meus ombros e pescoço. Outra pessoa pula nessa poltrona."
>
> Ou seja, ele é o carregador da poltrona. Pergunto como se sente, ao que ele diz: "Sinto uma cãibra e estou muito tenso".
>
> Questiono se consegue mudar alguma coisa; a resposta é: "Não, na verdade, não; o máximo que posso fazer é trocar de lugar".
>
> Antes de mudar de lugar em sua imaginação, ele diz: "Sim, tenho outra solução. Posso me deitar".
>
> Ele se deita e continua: "Ah, por trás da minha cabeça, tem um buraco na arena, posso enfiar a vara ali. Assim, não precisarei mais carregar essas coisas".
>
> Então, deitado, ele se sente completamente relaxado.

Esse é um exemplo de como um sintoma pode ser representado em uma imagem. As imagens falam por si: ele está preso num jugo, igual a um boi. Ao falar do boi, comenta que é o maior animal de carga que existe – essa é uma possibilidade.

E a outra imagem: ele se vê como um artista num circo. Esse homem não tem nenhuma relação com o circo; acha que é um local ótimo, mas também tem a sensação de que é um lugar onde as pessoas se exibem. Ele deve achar que está num circo onde todos buscam descobrir qual é o melhor artista, quem tem o melhor espetáculo. Ele associa as seguintes ideias ao artista:

"Artista: essa profissão é transmitida de geração em geração; é algo em que você nasce e não pode questionar, e você é obrigado a ter um desempenho alto sem questionar isso".

Então, ele faz a conexão com a própria vida e diz: "É assim na minha família; é preciso apresentar um desempenho em alto nível. Meu pai teve que fazer isso, e eu também. Meus filhos provavelmente terão que levar isso adiante se eu não for muito cuidadoso".

Em seguida, pergunto o que ele associa à figura em que se viu no circo.

"Geralmente é o pai [ele é pai de quatro filhos, V.K.]; esse tipo de artista costuma ser um *Fetzen* [termo suíço para homens que demonstram grandeza e força]. Ele sempre treme de tanto esforço que faz. Na verdade, é o mais coitado, aquele que sustenta todo o peso, mas não é aplaudido."

Novamente, ele faz a conexão com a própria vida: "Trabalho muito, e as pessoas me aplaudem bastante no meu trabalho, mas em casa não recebo nenhum aplauso; para eles, tudo é uma questão de rotina. O fato de eu trabalhar tanto e fazer um esforço tão grande não passa de rotina. Somente quando digo que quero largar essa vida é que toda a família grita e pergunta se as férias nas montanhas ainda estão de pé".

Portanto, esse pescoço travado comunica muito: o homem se sente limitado, talvez subjugado. Sua família, que parece não valorizar o fato de ele trabalhar tanto, nem quer aceitar que ele trabalhe menos, está "em sua nuca". A "família" pode se referir à sua família de fato, mas também pode ser a família que há em seu interior, a qual não consegue aceitar que ele não esteja mais "levantando" tanto peso.

Em sua imaginação, ele encontrou uma maneira de se aliviar: tem a opção de simplesmente largar o peso.

Busco saber quem ele tem que sustentar na poltrona a todo custo. Peço que procure imaginar isso.

Sem pensar muito, ele diz: "Sou eu que estou sentado ali, na minha melhor posição".

Esse homem precisa se manter no alto e em sua melhor posição. Ele tem 43 anos e sabe que está na melhor idade; mas é claro que a melhor idade também significa que não haverá idade melhor.

Em que medida a tensão no corpo terá desaparecido em razão de ele ter conseguido se livrar dessa pressão em sua imaginação e, ainda assim, mantido sua posição especial?

A questão da transferência da imaginação para o corpo pode ser mais bem estudada quando se trabalha com imagens baseadas na tensão física do que com imagens fundamentadas em outros motivos. Depois dessa imaginação, cuja duração foi de 25 minutos, o homem se sentou e conseguiu girar a cabeça muito melhor que antes, com maior liberdade de movimento para a direita do que para a esquerda. Um período relativamente curto de tratamento de um sintoma por meio da imaginação já pode trazer alívio.

Os terapeutas que trabalham com eutonia ou terapia respiratória, por exemplo, poderiam argumentar que a imaginação é desnecessária: o alívio é obtido concentrando-se em uma parte do corpo, o que melhora o fluxo sanguíneo nessa região e, consequentemente, torna-a mais flexível. Ainda que a concentração nesses órgãos bastasse para haver alguma melhora, eu não gostaria de perder a informação contida na imagem, que nos incentiva a analisar a situação mais detidamente. A imagem é uma base para *insights*.

Para permitir que os sintomas sejam representados, a função de controle do ego precisa ser abandonada. Ou seja, ou ela é delegada a um terapeuta, como ocorre com frequência nessas imaginações, ou a confiança já é muito alta, de modo que esse controle pode simplesmente ser abandonado.

No primeiro caso, o imaginador se entrega a essas imagens internas e confia que o terapeuta intervirá se necessário e se ele mesmo, imaginador, não conseguir encontrar uma saída. Quanto mais experientes as pessoas forem na técnica da imaginação, quanto mais tiverem experimentado os tipos de intervenção possíveis, maior será a probabilidade de confiarem em si mesmas para ter ideias que lhes possibilitem lidar com a situação, ainda que esta seja difícil.

Quando usamos esse método de imaginação sem a ajuda de um terapeuta, ou conseguimos visualizar a tensão em uma imagem ou em uma sequência de imagens, ou a dor segue dominando como dor mesmo, isto é, não se vê nenhuma imagem. É claro que também é possível abrir mão do controle a tal ponto que as imagens se tornem visíveis sem a ajuda de outra pessoa.

12.2 A imaginação em transtornos de somatização

Existem muitas teorias que explicam por que algumas pessoas reagem a conflitos com queixas físicas, outras com queixas psicológicas e ainda outras com conflitos sociais (cf. Uexküll & Wesiak, 1986; Overbeck, 1994; Studt, 1983; Bräutigam, 1992; Petzold, 1980).

Há um certo consenso de que pessoas que sofrem de disfunções físicas sem um diagnóstico estabelecido costumam ter dificuldade de perceber e expressar seus sentimentos de outra maneira, tanto os próprios quanto os dos outros. As pessoas com transtornos de somatização não têm menos sentimentos que as outras, mas têm dificuldade de admitir que eles sejam verdadeiros e de expressá-los.

No entanto, como a psicoterapia trabalha com emoções, naturalmente busca-se saber se as dificuldades experimentadas pelos pacientes psicossomáticos em expressar seu estado emocional verbalmente também se manifestam no nível da imaginação, se os pacientes psicossomáticos realmente têm uma "imaginação pobre", se eles pensam de forma concreta e são limitados em sua capacidade de vivência, como já foi descrito (Frank & Vaitl, 1983, pp. 97-118).

Wilke apresenta um estudo no qual descreve e analisa o trabalho com imagens catatímicas em pacientes com colite ulcerativa e doença de Crohn – quadros psicossomáticos clássicos (1983, pp. 155-164). Ele argumenta que os pacientes que tratou e examinou não são limitados em sua capacidade de se expressar no nível imagético. No entanto, ressalta que os pacientes psicossomáticos têm dificuldade de delegar o controle do ego ao terapeuta e preferem imaginações concretas por mais tempo do que a outras. O uso de imagens de relaxamento e a utilização de várias estratégias de intervenção são, portanto, particularmente úteis para eles.

Wilke também observa que, para pacientes psicossomáticos que sofrem de colite ulcerativa e doença de Crohn, produzir imagens de simbiose e nutrição – imagens de relaxamento –, que ele mesmo chama de "imagens de regressão", é extremamente importante e eficaz. Ele relata melhora mais rápida nos pacientes que conseguiam produzir essas imagens regressivas. São imagens do arquétipo da mãe que nutre positivamente, as quais indicam que a origem da doença psicossomática deve ser buscada muito cedo no desenvolvimento do indivíduo, ou seja, quando esse arquétipo é constelado pela primeira vez em sua infância.

Os terapeutas comportamentais também analisam qual necessidade básica deixou de ser atendida durante o desenvolvimento de uma pessoa que tem determinada doença psicossomática e a aconselham a imaginar repetidamente uma imagem que satisfaça essa necessidade. Por exemplo, Lazarus (1980, p. 113) cita um estudo de caso feito por Ahrens: uma mulher de 28 anos, que foi hospitalizada com colite ulcerativa aguda, tinha entre 15 e 20 evacuações por dia – as quais consistiam em sangue, muco e água – e apresentava processos orgânicos instáveis. Ahrens pediu que a mulher procedesse a uma imaginação: ela deveria se ver como bebê, abraçada e acariciada por sua mãe. Ele afirma que os parâmetros de vida da mulher se normalizaram em 24 horas como resultado desse exercício imaginativo.

Essa notícia quase sensacionalista poderia indicar que as imagens de relaxamento nutritivo são de grande importância no tratamento de pacientes psicossomáticos. Entretanto, para mim, parece fazer mais sentido se os próprios pacientes encontrarem as imagens que lhes são necessárias e úteis.

Quando trabalho com pacientes psicossomáticos, tento colocá-los em contato com o sintoma, e com o corpo em geral, por meio da imagem que eles têm desse sintoma. Atribuo grande importância ao desenvolvimento e ao uso de imagens de relaxamento.

12.2.1 Exemplo do trabalho terapêutico

Um homem de 37 anos já tinha consultado vários médicos. Ele havia sofrido um ataque cardíaco e agora nutria um pânico de sofrer outro. A lembrança da experiência única e o medo associado de que essa experiência possa ocorrer novamente desempenham um papel importante nas queixas cardíacas funcionais. É por isso que falamos em cardiofobia, ou seja, quando o medo ou a ansiedade de quem teme um ataque do coração é muito grande.

Esse homem descreve seu ataque cardíaco da seguinte forma:

> Senti uma inquietação muito grande, e meu coração acelerou. Em seguida, tive a sensação de que ele estava pulsando como depois de uma corrida de 800 metros – eu fui atleta e, portanto, sou muito sensível a essas mudanças no corpo, especialmente no coração. Então, comecei a suar; meu rosto corou, e minha respiração ficou muito difícil. Mas isso não foi o pior de tudo. O pior foi o medo absoluto da morte, a sensação, a ideia de que meu coração estava prestes a parar, de que tudo estava acabando. Eu pensava: "Meu Deus, o que eu perdi na vida! E ainda há tanta coisa que não fiz!"

Esses pensamentos devem ter aumentado a ansiedade. É típico da ansiedade que, quando dominado por ela, o paciente tenha ainda mais pensamentos e ideias que a fazem aumentar; assim, o resultado é um ciclo de ansiedade. O homem sentia um medo terrível de sofrer outro ataque e fez vários testes para descobrir o que poderia haver de errado com seu corpo. Ele tentou de tudo: dietas diferentes, programas esportivos etc., mas não conseguia se livrar da ansiedade. Então passou a se cuidar cada vez mais.

No início da terapia, em que ele tinha pouca esperança, embora estivesse disposto a tentar de tudo, pedi que produzisse uma imagem de seu coração.

> Ele: "Estou vendo um despertador. Funciona corretamente e, de repente, dispara feito louco; depois para".
>
> Em seguida: "Tenho certeza de que você também conhece esses despertadores antigos, que de repente dão voltas e voltas incrivelmente rápidas e depois param".

Era assim, então, que a situação se apresentava a ele. O analisando não conseguiu produzir outra imagem, mas falou sobre seu medo. Ele me contou a história de sua vida e depois descreveu sua situação à época.

Tentei sentir seu medo da maneira mais apropriada possível. Aos poucos, ele desenvolveu alguma confiança em mim. Cerca de seis meses depois do início da análise, ele disse que tentara visualizar seu coração novamente na noite anterior, como havíamos tentado fazer no começo da terapia.

Desta vez, ele tinha visto uma pequena pessoa cardíaca alojada em seu coração, uma pessoa diminuta, mas com a aparência de um indivíduo normal. Tinha apenas cinco centímetros de altura e vestia um agasalho vermelho. Então, ele disse: "E essa pequena pessoa cardíaca tem controle sobre meu coração, não há nada que eu possa fazer a respeito disso". Esse foi o momento adequado para iniciar um diálogo com o sintoma, porque é exatamente quando se manifesta como uma pessoa que o sintoma oferece a oportunidade de iniciar uma discussão humana. No entanto, isso naturalmente exige que a pessoa afetada deixe de delegar o problema ao corpo.

O analisando trava um diálogo, e cito aqui uma passagem dessa conversa:

> Ele: "Tenho muito medo de você, homem-coração".
> Homem-coração: "Eu sei".
> Ele: "Gostaria que você me dissesse o que tem em mente".
> Homem-coração: "Nunca tenho nada específico em mente. É por isso que não posso lhe dizer.

> Você terá que descobrir por si só o que estou tramando".
> Ele: "Venho fazendo isso o tempo todo. Estou sempre fantasiando sobre minha morte".
> Homem-coração: "Mas não é nisso que estou interessado".
> Ele: "O que interessa a você?"
> Homem-coração: "Estou interessado na vida, estou interessado em fazer um esforço, estou interessado em ser aproveitado, estou interessado em me envolver na vida".
> Ele: "Mas você está me impedindo de fazer isso".
> Homem-coração: "Você acha que estou?"
> Essa discussão se repetiu.

Uma das funções do medo é mostrar à pessoa dominada por ele que algo quer viver com ela, mas não consegue; no entanto, ao se manifestar, o medo impede que, depois de avançar até certo nível, a realização de algo novo seja interrompida. Essa concatenação desastrosa se reflete nesse diálogo.

Nessa situação, é aconselhável trocar de papel com o sintoma depois de se concentrar em uma imagem de relaxamento. Peço ao analisando que imagine uma situação na qual ele poderia se sentir particularmente confortável. Eis a imagem:

> Eu me vejo numa prancha de windsurfe. Faz calor. Estou em um pequeno lago. Há um vento médio, um vento inofensivo, mas constante. Deslizo sobre a água sem esforço, experimentando mais uma vez como tudo é lindo... a água, o vento. Em uma das margens, minha esposa me espera e me observa; na outra margem, meus filhos nadam; eles atentam para onde estou. Todos eles gostam disso.

O analisando relaxa visivelmente ao se entregar a essas imagens. Sua ideia o surpreende, pois não surfa há vários anos por medo de exagerar.

Essa sequência de imagens deixa claro que, para ele, seria importante desenvolver mais autonomia, ainda que em uma atmosfera muito protegida – em cada margem do lago, alguém de sua família o espera; é possível se afastar um pouco deles sem se sentir separado. O analisando também ressalta que esse arranjo agrada a toda a família e não desperta nenhuma agressividade. O problema da separação (Uexküll & Wesiak, 1986, p. 503ss.), que geralmente acompanha uma fobia cardíaca, também é abordado nessa imagem de relaxamento e, por ora, está resolvido para o analisando.

Depois de ele se acalmar com essa imagem de relaxamento sem discuti-la, peço-lhe que troque de papel com o sintoma. Solicito ao paciente que se coloque na pele do homem-coração.

> Ele: "Eu me sinto muito à vontade como homem-coração. Tenho um poder estranho sobre esse Hugo (o prenome imaginário dele). A maneira como ele tem medo de mim me dá verdadeira alegria. Basta eu andar um pouco mais rápido para que ele se assuste. Então, ele intimida toda a vizinhança e se contorce, o que me causa grande satisfação. Hugo não entende nada ao meu respeito. Na verdade, quero paz e tranquilidade, mas também quero excitação. Quero sentir uma emoção agradável. Quero que ele viva comigo, que viva com seu coração, não apenas com sua cabeça. Na verdade, já me conformei com isso; não há nada que eu possa fazer com ele".

> No papel do homem-coração, esse analisando extraordinariamente prestativo, amável e amigável acaba se revelando sádico.
> Pergunto se ele consegue falar com Hugo, no papel do homem-coração.
> E então o homem-coração diz a Hugo: "Bem, ouça: chegou a hora de parar com toda essa confusão. Você está se acalmando no lugar errado. Não precisa se acalmar; você vai morrer se fizer isso. Tome coragem de uma vez por todas e se lance na vida".
> Hugo: "Essa é uma coisa muito bonita de se dizer. Mas, homem-coração, você está me impedindo de fazer isso" – essa fala tem tom submisso. "Estou à sua mercê. Se eu ousar fazer algo, você começa a bater mais rápido".
> O homem-coração resmunga e diz: "Não estou nem um pouco feliz com você. Você poderia sugerir um meio-termo, poderia sugerir que eu fizesse alguma coisa, e eu não bateria tanto".
> Hugo: "Não, não, tenho medo de lhe sugerir isso".

O homem-coração, o sintoma personificado, se comporta de forma sádica; por sua vez, Hugo desempenha o papel de masoquista, submetendo-se completamente a esse sintoma. Mesmo quando o sintoma sinaliza que está disposto a ceder e, com essa sugestão, abandona seu sadismo – sinal de que não é necessária tanta submissão masoquista – Hugo não ousa fazer isso.

Tal condição indica ainda como esse analisando tem dificuldade de confiar. Isso também se manifestou no fato de que tivemos de trabalhar juntos por um longo tempo antes que ele ousasse se entregar às imagens.

12.3 O sintoma e seu ambiente

Um sintoma exerce uma função dentro das relações em que vivemos. Por isso, pergunto: com quem o sintoma fala? Deixo em aberto a informação sobre quem é, na família, aquele a quem o sintoma quer se dirigir. Entretanto, se eu tiver a impressão de que as pessoas problemáticas do relacionamento não estão sendo mencionadas, dou instruções claras; por exemplo: "Permita que o sintoma fale com sua esposa".

> O analisando vê o homem-coração em sua família: "Agora, vejo o homem-coração andando invisivelmente pela casa e influenciando a todos, mesmo que eles não digam nada e ele próprio não diga nada. Todos prestam atenção no homem-coração, como se ele fosse o chefe mais importante da família.
>
> Minha esposa diz: "Não posso mais falar sobre nenhum problema. Isso pode significar a morte dele".
>
> De repente, o homem-coração se levanta na frente dela e lhe diz: "Você não pode deixá-lo de jeito nenhum, senão ele morrerá. Você precisa protegê-lo sempre".
>
> A mulher diz: "Estou cansada disso. Não quero mais! Quem vai me proteger?"
>
> Então, subitamente, o homem-coração começa a dançar em cima dela; o coração dele bate muito mais rápido. Ela diz: "Não serei chantageada".
>
> O coração bate ainda mais rápido. Ela começa a me levantar [i.e., o analisando]. Agora ela me dá novamente a proteção de que preciso, e o homem-coração se acalma".

Em sua imaginação, ocorreu uma ação que, presumivelmente, também acontece na realidade; depois de pensar um pouco, Hugo diz: "Isso é maldade. Tenho minha esposa completamente sob controle com esse sintoma". Depois, ele se inclina um pouco para trás e comenta: "Não é apenas maldade, é também muito prático".

O homem-coração diz aos filhos: "Se vocês tocarem em um assunto que não me agrada, vou bater o pé, e na mesma hora vocês vão se sentir culpados. Posso fazer com que se sintam culpados imediatamente, mas não farei isso de modo exagerado, senão vocês vão embora".

O tema da separação aparece repetidas vezes nessas imaginações: o homem-coração quer produzir um sintoma suficiente para que ninguém vá embora, mas não mais do que isso, porque, se ele ficar sozinho, o que pode acontecer?

Em seguida, o homem-coração fala com o pai e a mãe do analisando. Podemos pular essa conversa.

Finalmente, ele fala com o chefe: "Chefe, você achou que essa pessoa de boa índole faria todo o trabalho que você não queria fazer; sua intenção era torná-lo seu assistente. Agora ele precisa ser poupado. Ele não serve mais para o cargo de chefe, mas a culpa não é dele, é do destino. Não o sobrecarregue com nada. Você também não pode demiti-lo. Não se pode demitir um homem doente que ainda tem boas ideias".

O homem-coração tem muitas funções: ele garante que a esposa cumpra os desejos do marido, prende os filhos ao pai e poupa o analisando de sua ambição excessiva – ambição essa que poderia tê-lo alçado a uma posição mais propícia. O homem-coração também lhe permite que se sinta bem: não é culpa dele se não pode mais seguir uma carreira; ele é uma vítima, uma vítima da doença. Por um lado, o sintoma realmente funciona como um sádico, como um agressor, e o analisando é a vítima. Mas não é só isso – o analisando também ganha com essa situação, e as pessoas no relacionamento é que se tornam vítimas.

Quando nos identificamos com o sintoma, isso expressa que o agressor é uma parte de nossa própria psique; somos tanto vítimas como agressores. Os problemas devem, então, ser tratados em nível muito mais amplo. Os problemas de agressão e separação devem ser reconhecidos e tratados.

Ao lidar com o sintoma, fica claro que este – a doença em geral – é visto como "agressor", enquanto a pessoa é considerada sua vítima. Isso mostra quanto acreditamos que devemos estar sempre saudáveis, que vivenciamos a doença e que estamos à mercê da morte.

Essa atitude significa que o confronto com o sintoma corresponde inicialmente a uma luta pelo poder: ou o sintoma vence e o portador do sintoma perde, ou vice-versa. Entretanto, um confronto frutífero com o sintoma só ocorre quando ele não precisa mais ser combatido, quando pode ser visto como parte da vida, assim como a morte.

13
O trabalho imaginativo com um episódio de complexo

A técnica da imaginação não resolve os problemas apressada e precipitadamente; antes, permite que sejam representados numa imagem para que, assim, possam ser percebidos, vivenciados e ponderados.

As figuras internas que nos assustam fazem parte de nós mesmos, são imagens de aspectos de nosso ser com os quais precisamos aprender a conviver urgentemente, mas que, por alguma razão, impedimos de estar conosco. Em geral, eles se manifestam primeiro através de imagens que podem ser associadas às figuras agressoras de nossos episódios de complexo. Sempre que lidamos com figuras internas, trata-se, em última análise, de integração – na medida em que isso é possível. Consiste em uma integração particularmente importante de partes das quais nos alienamos – ou das quais talvez sempre tenhamos nos alienado.

Normalmente, essas figuras internas precisam ser vivenciadas por muito tempo em sua qualidade geradora de medo. Elas representam aspectos de nós mesmos que excluímos de nossa vida consciente por um longo tempo porque provocam temor; assim, nós as projetamos em agressores externos. O objetivo da imaginação não pode ser que o paciente seja levado a perder o medo prematuramente e a transformá-las em figuras amigáveis. Embora isso possa acontecer vez ou outra, observo com frequência que essas figuras – sobretudo por resistirem à consciência – precisam ser suportadas e observadas com cuidado: elas devem ser capazes de fantasiar, representar e se expressar. É necessário que surja um diálogo entre elas e a mente consciente para que, então, consigamos integrar essas tendências contraditórias em nós mesmos, não com o objetivo de transformá-las apressadamente em suposta harmonia, mas com a intenção de que ambos os lados possam se desdobrar nessa manifestação de si – e que, como resultado, possamos conhecer melhor a nós mesmos e nossos lados sombrios. Uma vez que esses lados que nos assustam tenham sido aceitos a ponto de permitirmos que se manifestem, a tensão entre eles e a consciência do ego deixa de ser insuportável e, geralmente, passa a ser frutífera.

Entretanto, se a figura interna se tornar cada vez mais ameaçadora em decorrência da ansiedade, se ela assumir um caráter atemorizante que só possa ser abordado com dificuldade, então é necessário intervir. Se, por outro lado, a tensão ansiosa não for tão grande a ponto de o imaginador entrar em um ciclo de ansiedade – geralmente visualizado de tal forma que a figura perseguidora ou ameaçadora se torna cada vez maior enquanto o imaginador se torna cada vez menor e mais impotente –, então a tensão entre o imaginador e a figura interna que induz ao medo deve ser suportada. Aquilo que nos contradiz – inclusive em nossa psique –, o que se opõe a nós, não deve ser imediatamente "integrado". Os lados opostos de nosso ser devem entrar em diálogo uns com os outros; o prerrequisito para isso é que sejam aceitos e respeitados.

Também no dia a dia, tendemos a ser rápidos em assegurar uns aos outros de que estamos falando da mesma coisa, que temos o mesmo referencial, ainda que estejamos usando palavras diferentes. Uma das razões pelas quais fazemos isso é porque nos sentimos melhor quando vemos o mundo – os problemas, por exemplo – com os mesmos olhos. Muitas vezes, porém, seria mais criativo se disséssemos uns aos outros que, embora nos respeitemos e honremos mutuamente, talvez não estejamos querendo dizer a mesma coisa. Cada pessoa poderia então explicar seu ponto de vista sem se apressar em perguntar quem está certo. Essa pergunta encerra o diálogo antes que ele se torne realmente criativo. Quando dialogamos (cf. Goldschmidt, 1970), não se trata de saber quem está certo, mas de permitir que os diferentes lados da questão sejam revelados. Isso também me parece ser de grande importância para a imaginação.

13.1 Exemplo do trabalho terapêutico

Episódios de complexos são imagens de fatos associados a relacionamentos difíceis e disfuncionais que ocorreram repetidamente de forma semelhante e têm um conteúdo de informação comparável – em especial referente à autoimagem da criança – e pelo menos uma emoção específica. São experiências que se repetiram várias vezes e que foram armazenadas por meio da memória episódica. Todo episódio de complexo é internalizado e transmite a impressão de que sempre acontece a mesma coisa em determinadas situações, que sempre foi e sempre será assim. A memória e a expectativa são determinadas por esses episódios (Kast, 2008c, p. 26ss.). O fato de essas experiências relacionais serem armazenadas como episódios significa que o episódio inteiro pode desdobrar seu efeito.

Embora, muitas vezes, nos identifiquemos com a criança no episódio de complexo e acreditemos que as outras pessoas nos tratam de modo semelhante ao das figuras agressoras nele presentes, ou seja, embora projetemos a parte agressora sobre o mundo exterior, essa é apenas uma parcela do que acontece. Voltemos a um episódio de complexo que mencionamos anteriormente (cf. tópico 9.2).

Para relembrar: o paciente de 24 anos, que aqui chamarei de Stefan, conta como seu pai, sobretudo quando embriagado, o insultava, chamando-o de "*Dreckskerli*", ou "escória". Stefan havia se esforçado muito para agradar o pai, mas sem sucesso. Então descreve um evento que ilustra como esse episódio de complexo pode ter acontecido:

> Eu tinha uns 10 anos de idade. Meu pai já estava fora de casa havia dois dias, e nós sabíamos que ele voltaria bêbado. Minha mãe e meus irmãos

> se esconderam, desapareceram para que nada de ruim acontecesse com eles.
>
> Eu cuidava dos animais [meu pai era um pequeno fazendeiro, V.K.] e trabalhava muito, organizava tudo de um jeito muito melhor que o dele. Pensei: "Por mais bêbado que ele esteja, precisa ver isto!" Ele veio, e eu o deitei na cama – ele não conseguia ver nada.
>
> No dia seguinte, ele acordou mal-humorado, entrou no estábulo e começou a me xingar: "Seu merdinha, você arruinou todo o meu gado. Você nunca vai prestar pra nada. E você também roubou todo o meu dinheiro. Eu bem que poderia fazer uma denúncia à polícia". Fiquei arrasado; sequer entendi quais tinham sido as intenções dele ao me acusar de ter arruinado o gado. E eu certamente não havia roubado o dinheiro dele.
>
> Quando as coisas voltaram ao normal, achei que meu pai me diria alguma coisa boa, mas isso nunca aconteceu. Nunca! A situação piorou quando um professor também me disse que eu era um "merda". Na época, não compreendi aquilo – e imediatamente ouvi meu pai. O professor ressaltou que eu ia para a escola com as roupas que usava no estábulo e que eu fedia.

Como já mencionei, Stefan conseguiu se identificar com a criança de 10 anos; ele também foi empático consigo mesmo nesse papel, o que se evidencia no fato de ele saber o que teria sido bom para esse menino: uma mãe que o protegesse, um professor que não só notasse o mau cheiro, mas também percebesse que essa criança estava fazendo o trabalho de um adulto.

No entanto, em conversas que tivera consigo mesmo em situações difíceis ou desafiadoras, Stefan percebeu que falava da mesma forma que seu pai: “Você nunca vai prestar para nada! Nunca será nada! Não precisa nem pensar em se formar...” Essa conversa interna o fez perder a coragem de se dedicar mais; sua autoestima entrou em colapso, sua autoconfiança diminuiu – e ele passou a se defender dessa derrocada narcisista desvalorizando as pessoas ao seu redor, rotulando-as de “escória” etc. Inconscientemente, ele estava em contato com o pai. Inconscientemente, estava se identificando com a figura paterna do episódio de complexo. Pessoas “desvalorizadas” também apareciam com frequência em seus sonhos. Isso não surpreende: as emoções dos episódios de complexo têm efeito sobre os sonhos, e nestes os episódios de complexo também são processados, são “sonhados”, ligados a outros aspectos da memória e da personalidade (Kast, 2009b, p. 87ss.). Stefan sonhou com isto, por exemplo:

> Um homem mais velho, bêbado e sujo, grita com os jovens que estão sentados perto dele, jogando bolas uns para os outros, fazendo malabarismos e se divertindo: “Seus merdas, vocês estão estragando este espaço lindo. É o que eu digo: se há uma pessoa de merda aqui, é este bêbado. Acordei animado”.

O bêbado o faz lembrar do pai. Por causa de seu trabalho, Stefan não bebe, mas também se abstém da bebida porque não quer ter o mesmo fim de seu pai. É claro que ele pensa na fala desse pai: “Seu merdinha”. Essas imagens revelam que, quando somos uma "merda", é assim que nos dirigimos às outras pessoas. Ele entende que, no episódio de complexo que o deixou emocionalmente ofendido e com raiva, o "merda" era, na verdade, seu pai. Isso tira a pressão que o acompanha. Ele também sente um pouco de pena do pai, que, "de alguma forma, não conseguiu lidar" com a vida.

Intelectualmente, Stefan percebe o que acontece quando esse episódio de complexo se intensifica: por um lado, quando ele mesmo quer fazer algo mais com sua vida, mas também quando alguém não aprecia seus esforços o suficiente. Ele fica feliz em ajudar, mas também precisa ser visto. Ele entende que usa as expressões do pai em seus diálogos consigo mesmo. Mas não é fácil mudar isso.

Stefan quer aprender mais um idioma estrangeiro, o que lhe daria uma posição melhor em seu emprego. Ele se matricula em um curso noturno. Como resultado, sente-se mal e quase não consegue se concentrar; quer cancelar a matrícula. "Foi uma ideia ruim. Eu me superestimei mais uma vez. Sou sempre megalomaníaco. Que besteira! Sei falar inglês o suficiente para conseguir me virar." Quando lhe pergunto quem está falando tão mal dele agora, ele se lembra de que, nas situações em que é desafiado, fala com a voz do pai no episódio de complexo descrito.

Existe outra voz que se manifeste sobre o mesmo assunto? Seu chefe o aconselhou a fazer esse curso. O avô, que lhe dava a sensação de ser uma pessoa competente, infelizmente, ele está morto.

O que seu avô falaria nessa situação? Ele diria: "Sim, talvez seja demais. Talvez você não tenha tempo suficiente para isso, mas você pode tentar. Pare de ser tão duro consigo mesmo".

Essa figura do avô não apenas dá uma resposta razoável à sua dúvida, mas exige que ele pare com as reações duras que afetam sua autoestima. Este é o ponto: depois de reconhecer que se identifica com as figuras agressoras dos episódios de complexo, Stefan pode abandonar tal comportamento, especialmente se outras vozes também se manifestarem em sua psique – como a voz do avô aqui. Isso significa que ele pode experimentar figuras internas que o aceitam. Quanto menos Stefan se desvalorizava, menos ele corria o risco de desvalorizar as pessoas à sua volta.

Com um senso de autoestima um pouco mais estável, Stefan foi capaz de lidar com situações nas quais se sentia em desvantagem – ou, às vezes, simplesmente conseguiu admitir para si, sorrindo, que era bem provável que estivesse exigindo demais dos outros.

Os temas de vida ligados a esse episódio de complexo são a autoestima e a autoeficácia, bem como a necessidade de ajudar os outros e de ser reconhecido em troca disso. Era exatamente essa a necessidade que Stefan havia sacrificado por muito tempo; ele estava convencido de que era sempre explorado e que ninguém realmente via o que ele fazia.

No trabalho com esse episódio de complexo, Stefan percebeu que se identificava com o pai ao tratar as pessoas; então, conseguiu interromper esse comportamento, pois se deu conta de como ajudar era algo de que gostava, quanta alegria e sentido extraía disso. Em algum momento, ele decidiu fazer outra formação para poder trabalhar na área da saúde.

Depois de lidar com esse episódio de complexo, que teve um grande impacto sobre seus relacionamentos, ele começou a se lembrar de experiências agradáveis com o pai. Por exemplo, seu pai adorava pássaros e, juntos, eles passavam horas observando-os, algo que Stefan gostava muito de fazer.

14
A imaginação ativa

Imaginar ativamente não é o mesmo que imaginação ativa, como Jung e seus sucessores a chamavam. Quero resumir mais uma vez o que Jung entendia por imaginação ativa: para ele, esse termo se referia à criação do símbolo – seja o desenvolvimento figurativo de um símbolo na imaginação ou, de modo mais representativo, em um quadro pintado ou um desenho modelado. Originalmente, a representação pela dança também era descrita como imaginação ativa. Como já ressaltei várias vezes, é importante que nos lembremos do conceito amplo da imaginação ativa de Jung, mesmo que, com o passar do tempo, tenha se tornado cada vez mais usual descrevê-la meramente como o desenvolvimento da imagem fantasiosa no estado de vigília e o envolvimento ativo com essa imagem.

Jung menciona a imaginação ativa pela primeira vez em 1916, em seu artigo "A função transcendente" (OC 8, §§ 131-193), no qual descreve a teoria da formação de símbolos. Nesse ensaio, Jung ainda não fala explicitamente de imaginação ativa, mas aborda como as pessoas se concentram em suas fantasias e como podem moldá-las. É particularmente importante para ele que a atenção crítica seja desligada. A ênfase principal recai sobre o fato de essas imagens ou palavras interiores (cf. OC 8, § 170) serem esperadas, percebidas e registradas, expressas e representadas com as mãos ou com o corpo inteiro (cf. OC 8, § 171).

Jung escreve sobre a imaginação ativa de forma um pouco mais detalhada em seu artigo "*Anima* e *Animus*". Também se refere a ela na introdução a *O segredo da flor de ouro*, onde ressalta que a arte de permitir que os eventos psíquicos aconteçam é um prerrequisito para uma imaginação ativa, que ele ainda não chama assim. Essa permissão ao acontecimento psíquico significa o mesmo que "deixar fluírem" as imagens internas. Não é fácil permitir que isso ocorra; o medo geralmente inibe o fluxo de imagens. Jung diz que precisamos suspender nossas críticas enquanto imaginamos. Entretanto, acredito que possamos permitir que a crítica, a voz crítica, seja retratada, pois ela também tem seu lugar na imaginação.

Ainda na descrição de 1941, já citada, onde dá a instrução explícita de se concentrar numa imagem interior e aguardar o fluxo de imagens, no fundo Jung fala da percepção de fantasias. Aqui, porém, diferentemente do que descreve em "*Anima* e *Animus*", sua atenção se volta mais para o que essas figuras têm a dizer.

Em uma carta de 1947, Jung descreve de forma sucinta e concisa o que entende por imaginação ativa:

> Na "imaginação ativa", é importante que o senhor comece com alguma imagem [...] Contemple-a e observe cuidadosamente como a figura começa a desdobrar-se e a mudar. Não tente transformá-

> -la em algo, não faça nada, mas observe quais são as suas mudanças espontâneas. Qualquer figura mental que o senhor contemplar dessa maneira mudará mais cedo ou mais tarde por meio de uma associação espontânea que provoca uma leve alteração da figura. O senhor deve evitar cuidadosamente pular de um assunto para outro. Mantenha-se firme na única figura que escolheu e espere até que ela mude por si mesma. Anote todas essas mudanças e entre eventualmente nela; se for uma figura que fala, diga a ela o que tem a dizer e escute o que ela (ou ele) tem a dizer. Assim poderá não apenas analisar o seu inconsciente, mas também dará uma chance ao seu inconsciente de analisar o senhor. Assim o senhor criará aos poucos a unidade do consciente e do inconsciente, sem a qual não haverá individuação alguma" (2002b, pp. 65-66).

Essa descrição da imaginação ativa deixa claro que tanto a percepção da imagem interna quanto o exame linguístico dessa imagem desempenham papel importante. Também fica evidente que o modelo de formação de símbolos, como Jung o descreve (cf. OC 8, §§ 88-113), pode ser experimentado na imaginação ativa: o inconsciente se mostra; ele deve ser percebido e aceito; e, em diálogo com a consciência desperta do ego, tanto o consciente quanto o inconsciente mudam, podendo ser experimentados nos símbolos em mudança ou em símbolos recém-formados. Esses símbolos são marcos no processo de individuação, nesse processo psicológico de amadurecimento e transformação, que tem a ver com tornar-se a pessoa que realmente é por meio do diálogo entre o consciente e o inconsciente, sempre a caminho, sempre sendo mais quem se é (cf. von Franz, 2009, pp. 158-229).

De acordo com C.G. Jung, o processo de individuação ocorre no diálogo contínuo entre o mundo exterior e o mundo interior, ou seja, no âmbito dos relacionamentos. E a pergunta sempre é: quais são estímulos que os sonhos dão a determinadas situações da vida, quais fantasias ocorrem, quais objetivos, desejos e intenções estão associados a elas? Símbolos e fantasias – na forma de criações fantásticas, mas como memórias – exercem função significativa no processo de individuação. Esse processo consiste em desenvolver o que já existe, integrar o que foi deixado de lado, descartar e sacrificar o que se tornou obsoleto.

Trata-se de um confronto contínuo entre o consciente e o inconsciente, algo que se manifesta em padrões e tensões de relacionamento interpessoal, incluindo a tensão entre introversão e extroversão. Esses opostos devem ser suportados até que novos sistemas sejam formados e se manifestem simbolicamente. Jung postulou desde cedo: "Somente por meio do símbolo o inconsciente pode ser alcançado e expresso" (OC 13, § 44).

Durante esse processo, alguns arquétipos particularmente importantes – como *animus* e *anima* (imagens do estranho misterioso ou dos estranhos misteriosos, que, por um lado, provocam o distanciamento dos complexos parentais e, por outro, aproximam a pessoa do próprio centro e das relações de controle) –, bem como as diversas imagens da sombra, são revividos, processados e integrados à vida consciente, na medida do possível.

O processo de individuação consiste em fazer perguntas constantes sobre "mim mesmo" em relação ao próprio inconsciente, a outros seres humanos e ao mundo ao redor. E sempre há respostas que nos revelam ser pessoas únicas, com demandas de vida únicas, sempre provisórias, projetadas para serem corrigidas.

A individuação é um processo e, em última análise, também uma meta. Como meta, tornar-se completo é uma utopia que nunca alcançamos; na melhor das hipóteses, estamos a caminho, e nesse caminho ficamos presos de vez em quando. O processo, entretanto, preenche a vida com significado (cf. OC 16, *§ 400)*.

Na individuação como integração interna e subjetiva, a pessoa conhece cada vez mais os lados de si mesma e entra em contato com eles, relacionando-os com sua autoimagem, por exemplo, retirando projeções. As coisas esquecidas podem ser incorporadas à vida, e as dissociações podem ser canceladas. A individuação também é um processo de relacionamento interpessoal e intersubjetivo, pois, segundo Jung: "o relacionamento com o eu é, ao mesmo tempo, o relacionamento com o ser humano semelhante, e ninguém tem uma conexão com este último, pois ele a tem primeiro consigo mesmo" (cf. OC 16, § 445*)*. Hoje, esse relacionamento não é compreendido como uma sucessão temporal, mas como um diálogo: os relacionamentos com o eu e com o ser humano semelhante são mutuamente dependentes. O processo de individuação também promove a consciência da comunidade humana, "porque leva à consciência do inconsciente que conecta todas as pessoas e é comum a todas as pessoas. A individuação é um tornar-se uno consigo mesmo e, ao mesmo tempo, com a humanidade" (cf. OC 16, *§ 227)*.

O objetivo do processo de individuação não é, portanto, apenas obter autonomia e, assim, mais liberdade, mas desenvolver mais habilidades relacionais e maior autenticidade. Trata-se de alcançar autonomia nos relacionamentos. Trata-se, ainda, de nos reconhecermos como pessoa entre outras pessoas e entendermos que, em última análise, todos dependemos uns dos outros, mas também podemos nos inspirar de maneira mútua; e que talvez até mesmo nossa identidade só possa ser alcançada se formos percebidos constantemente por outras pessoas.

O processo de individuação se baseia no confronto e na "cooperação" entre o consciente e o inconsciente, e essa também é a técnica da imaginação ativa. C.G. Jung expressa isso de forma drástica em uma carta de 1950:

> Você mesmo precisa entrar na imaginação e forçar as figuras a falar e responder. Somente dessa forma o inconsciente é integrado à mente consciente, ou seja, por meio de um processo dialético, isto é, por meio do diálogo entre você e as figuras inconscientes. O que acontece na imaginação deve acontecer com você. Você não deve permitir que seja representado por uma figura fantasiosa. Você deve preservar o ego e apenas modificá-lo por meio do inconsciente, assim como este último deve ser reconhecido em sua justificativa e apenas ser impedido de suprimir e assimilar o ego (2002b, p. 195).

A insistência de Jung na distinção entre o ego e as figuras inconscientes pode estar relacionada às suas próprias experiências com a imaginação ativa. Jung parecia estar sempre se identificando com essas figuras internas, e isso lhe era um problema. Ele descreve um desenvolvimento importante em sua imaginação em *O Livro Vermelho*: "Provavelmente, a maior parte do que escrevi nas partes anteriores deste livro foi inspirada por Filêmon. É por isso que eu estava em um frenesi. Mas agora percebo que Filêmon assumiu uma forma diferente da minha" (2.12.1915) (2009, p. 337).

Essa observação trata da diferenciação entre o ego de Jung e o "velho sábio" como figura interna. Jung não é sábio nessas imaginações, mas tem acesso ao velho sábio. A preocupação quanto a se identificar demais com essas figuras internas e, assim, atribuir ao complexo do ego um poder que não lhe pertence, ou seja, perder o chão sob os pés, pode ser vista em todos os comentários de Jung sobre a imaginação ativa (cf. Jung, 1995, p. 72).

Entretanto, por mais relevante que seja a diferenciação entre o ego e o inconsciente, pode-se observar que, a princípio, na imaginação em que há figuras emocionalmente comoventes, talvez até mesmo estranhas, ocorre uma dissociação, depois uma identificação e, somente aos poucos, surge um relacionamento, que, no entanto, é importante. Jung sempre se preocupou conscientemente em fazer contato com partes cindidas do inconsciente por meio da imaginação ativa.

As numerosas imaginações de Jung em *O Livro Vermelho* são, em essência, tentativas de incorporar a elas várias figuras internas para tornar sua energia, sua emocionalidade e seus temas acessíveis à consciência. Em outras palavras, Jung acreditava – e provou isso por meio de suas experiências – que as cisões, em particular os complexos de cisão, podem ser conectadas à consciência de forma simbólica, especialmente por meio da imaginação. Em suma, isso significa que as cisões pessoais podem ser curadas pelo trabalho com símbolos. Esse é um dos grandes significados da psicologia junguiana, e talvez ainda seja um pouco subestimado. Entretanto, a cura da cisão pressupõe que as identificações sejam dissolvidas.

14.1 Na prática: Do episódio de complexo para a "imaginação ativa"

Os diálogos internos não são simplesmente imaginações ativas; em geral, são uma expressão de episódios de complexos e se assemelham a uma conversa interna infrutífera. Se essas imaginações forem repetidas várias vezes sem que nada mude – geralmente porque existe um medo de permitir que as imagens fluam –, novos símbolos e novos comportamentos não se tornam possíveis, a cisão é mantida, velhas experiências são perpetuadas e, portanto, também cimentadas.

14.1.1 Exemplo de caso

Uma mulher se casou pouco antes do vestibular e acabou não fazendo essa prova importante. Ela era dona de casa e mãe. Agora, aos 46 anos, está em terapia porque se pergunta o que fazer com a própria vida. Ela me diz repetidamente: "Algo dentro de mim continua me dizendo que fiz tudo errado na vida: eu me casei com o homem errado, na hora errada, escolhi o estilo de vida errado etc." Peço então que ela dê forma a esse "algo dentro de mim". Ela imagina o seguinte:

> Vejo um juiz em túnica preta, com uma cabeça sem cabelos, igual à de meu avô, óculos iguais aos de um tio meu e rosto bem definido, típico dos sádicos. Ele é mais alto do que eu e está em algum lugar numa colina. Estou completamente à mercê dele, que está dizendo essas frases que me são familiares. Estou envergonhada; eu me contorço de vergonha. Deveria ter percebido tudo isso sozinha. Peço desculpas e resolvo fazer melhor imediatamente.

Eu a interrompo com o comentário: "Isso vai dar errado". Peço que que mergulhe numa de suas imagens de relaxamento. Ela faz isso e se sente um pouco melhor. Seguimos com uma conversa esclarecedora. A analisanda está totalmente à mercê desse juiz interno. Este, apresentando muitos traços de figuras de autoridade com quem ela já esteve na vida, diz-lhe o que pensa. A analisanda se contorce de vergonha e quer melhorar imediatamente. No entanto, ela vem tentando fazer isso há muitos anos sem sucesso; é por isso que intervenho no sentido de dizer que essa melhora pretendida é ilusória. Ela também não sabia em quais situações específicas queria melhorar nem como fazer isso. Tinha um desejo geral de melhorar que não podia ser abordado em termos tão abstratos; era algo que exigiria pequenos passos concretos.

Em uma conversa após essa imaginação, nós nos perguntamos se o que o juiz diz é realmente verdade. Observamos que ele usa palavras como "sempre" e "tudo errado", o que nos deixa bastante céticas, porque não existe algo que ocorra sempre, e fazer tudo errado é muito difícil.

Discutimos também a questão de como esse juiz interno passou a ter tanta influência sobre a vida dela e quais são os argumentos dela a favor de seu próprio jeito de viver - pois, sem esses argumentos favoráveis, ela já teria mudado as coisas muito tempo antes. Esclarecemos por que ela atribui tanta importância a esse juiz, por que o coloca numa posição tão elevada e por que se vê como insignificante ao lado dele. Descobrimos, como costuma acontecer em episódios de complexo, que as figuras que atacam são uma concentração de muitas pessoas; nesse caso, são pessoas que a julgavam e a faziam sentir vergonha do próprio comportamento.

Depois dessa reflexão, sugiro fazer outra imaginação de modo que agora ela intervenha mais ativamente diante de seu ego. Sugiro que aborde a insatisfação desse homem. Sendo ele tão reprovador, deve estar insatisfeito com algo. Abordar a insatisfação em um caso como esse pode levar muito mais longe do que sentir vergonha como vítima da insatisfação.

A analisanda (A.) ao juiz (J.):
A.: O senhor está muito insatisfeito comigo.
J.: Você faz tudo errado. Sempre: decisões erradas, escolhas erradas, você está totalmente errada.
A.: Por que o senhor me trata de modo informal?
J.: Eu sempre a tratei desse jeito. Você também pode me tratar de modo informal.
A.: Não, eu não quero isso. Dirija-se a mim como "senhora".
J.: Como a senhora quiser, mas isso não muda o fato de que a senhora é um fracasso.
A.: Isso o incomoda tanto assim?
J.: Extremamente. Depositei grandes esperanças na senhora. A senhora é apenas uma mulher, mas poderia ter conquistado muito com sua inteligência. E então, essa preguiça.
A.: Não era preguiça, era paixão.
J.: Era preguiça, medo e talvez também paixão. A senhora poderia ter se apaixonado e mesmo assim ter feito a prova.
A.: Isso não é novidade. Eu mesma já descobri isso.
J.: E qual é a desculpa hoje?
A.: Sempre o medo, não a preguiça em primeiro plano. Pois nunca vou conseguir ser suficiente para você.
J.: Você aprenderá a suportar isso.

A discussão continua dessa forma e se estende por semanas. Esse juiz interno se torna mais concreto e, portanto, mais compreensível. Ele realmente aborda pontos individuais que a analisanda pode mudar se quiser, mas também fica claro para ela que, em certos aspectos, não quer viver como esse juiz interno exige e que ela mesma pode assumir a responsabilidade por isso. Ele também deixa claro que considera as mulheres inferiores, inclusive a própria analisanda, o que a deixa indignada. Pouco a pouco, ela se desprende de um complexo de autoridade muito destrutivo. Ao confrontar ativamente esse complexo, sente que não está à mercê dele, mesmo que, muitas vezes, ainda se sinta perdida. O complexo logo se torna menos destrutivo, e isso reduz sua destrutividade em relação a si mesma.

Nesse nível mais próximo do consciente, um diálogo na imaginação é usado para processar um episódio de complexo importante. A analisanda ganha novas percepções, o juiz também muda: na imagem, ele gradualmente adquire características mais amigáveis, seu rosto se torna um pouco mais arredondado e, na conversa, ele admite que não tem opinião sobre determinada situação. A discussão sobre a forma de tratamento cessa na primeira imaginação, quando a analisanda fala sobre experiências que a afetam existencialmente. Afinal, é possível que, ao rejeitar o "você", ela estabeleça uma distância inicial em relação a esse juiz e se revolte contra ele de modo consciente.

Essa forma de imaginação ativa próxima ao consciente – e isso se torna visível aqui – leva-nos, ainda, a entrar num diálogo com o nosso inconsciente, diálogo por meio do qual consciente e inconsciente podem ser modificados. Tal diálogo toma o lugar de uma relação sadomasoquista, que nesse exemplo se manifesta no fato de o juiz interno simplesmente dominar o ego da analisanda. O inconsciente só pode ter esse efeito abusivo quando não há nada que se oponha ao ego, ou quando este tem uma estrutura tão fraca que não consegue agir.

É aqui também que as limitações desse método de imaginação ativa, que segue o princípio do processo criativo, tornam-se aparentes; tal método requer um ego bem estruturado que consiga enfrentar o inconsciente. O fato de que não se pode contar com a presença desse ego bem estruturado em todos os imaginadores é uma das razões pelas quais mostrei uma maneira de usar outras formas de imaginação que ajudam o analista a assumir a função do ego. Por meio de um processo de aprendizagem, o analisando se torna cada vez mais capaz de lidar com essas figuras internas, e a capacidade de controle do ego aumenta. No entanto, é exatamente isso que possibilita que o complexo do ego se desvincule dos complexos parentais, por exemplo, que seja feita uma distinção entre ego e não ego, que ocorra um confronto. Por mais paradoxal que possa parecer, é precisamente por meio desse confronto, o qual é viabilizado pelo analista ao disponibilizar suas funções egóicas, que o ego do analisando pode se tornar mais estruturado, mais forte, o que é uma consequência do fato de o complexo do ego, separado dos complexos parentais de acordo com a idade, ser vivenciado como cada vez mais coerente. Um bom senso de identidade pode ser experimentado, o ego não está mais restrito em suas funções, e os mecanismos de defesa podem ser modulados de acordo com a situação.

14.2 Imaginação ativa: um exemplo do trabalho terapêutico

Em geral, a imaginação ativa é feita com imagens provenientes de sonhos ou mediante concentração no estado de espírito em que o paciente se encontra, em um efeito que o incomoda e com o qual deseja lidar – ou pelo menos descobrir os problemas nele ocultos. No entanto, existem também instruções que podem nos levar a uma imaginação ativa.

Possível instrução de imaginação:

> Escolha uma paisagem em que haja um corpo d'água.
>
> Alguém ou algo vem em sua direção. Observe com atenção essa figura.
>
> Faça contato com ela. O que essa figura tem a dizer a você, por meio de seu comportamento, aparência ou fala?
>
> Reaja a ela como normalmente reagiria em um encontro.

Uma mulher de 35 anos, que está em análise há cerca de um ano porque sempre se sente muito ansiosa e desanimada, está acostumada a trabalhar com imaginação. Ela se sente muito inquieta, sem conseguir encontrar uma causa para isso. Dou a ela a instrução de imaginação descrita no parágrafo anterior, mas também peço que se concentre em sua inquietação. Eis o que ela imagina:

> Vejo uma fonte à minha frente. Estou numa paisagem montanhosa nos Alpes; há árvores. Há uma fonte, uma fonte muito normal; ao

lado dela, numa pedra, está sentado um homem idoso, um homem muito idoso, com uma longa barba branca e uma expressão muito séria no rosto. Ele olha para mim com seriedade e curiosidade.

Eu me aproximo dele e percebo que estou envergonhada. Tento descobrir por que me sinto assim. Não sei, todo tipo de bobagem me vem à mente. O idoso me olha com curiosidade e, sempre que alguém olha para mim desse jeito, sinto-me envergonhada. Aproximo-me dele e me sento do outro lado da fonte. Ele continua me olhando com curiosidade.

Eu digo: "Quando você me olha assim, fico com a consciência pesada. Acho que fiz algo errado".

O velho acena com a cabeça e murmura: "É isso mesmo, sempre fazemos algo errado. Você precisa ser igual à água da fonte, que sempre flui, sempre flui".

Penso freneticamente no erro que possa ter cometido. O velho diz: "Sempre flua, sempre flua".

Deixo de pensar no que fiz de errado. Relaxo, sinto a fonte, a atmosfera calma. Olho para o idoso. Ele está visivelmente concentrado em fluir.

De repente, percebo que há outro homem na fonte, um homem muito mais jovem, arrogante, com roupas escuras e um colete. Ele olha para mim com ironia.

Estou com muita raiva desse homem.

Ele diz: "Sim, sim, deixe fluir, deixe tudo fluir. Apenas deixe acontecer, deixe a vida fluir. Sente-se na fonte, sente-se lá até o dia do juízo – simplesmente deixe fluir, não se responsabilize por nada".

> Ele diz isso com um olhar infinitamente desdenhoso.
>
> “De onde você tirou coragem para falar mal da minha experiência na fonte desse jeito?”
>
> “Eu não joguei lama na fonte.”
>
> “Mas zombou dela.”
>
> “Se minha zombaria a afeta, isso é problema seu.”
>
> O homem tem razão, mas preciso calá-lo. Estou incrivelmente irritada. Não faço ideia de como silenciá-lo. Quero sacudi-lo, mas ele é muito maior e mais forte que eu. Quando estou com raiva, a única coisa que me vem à mente é violência, mas ele é mais forte que eu, então não posso silenciá-lo dessa forma. Tampouco tenho uma pedra para jogar nele. Ele me olha feio novamente. Olho para o velho em busca de auxílio, pois ele deveria ter me ajudado. Mas ele apenas olha atentamente para a água, para o local por onde a água sai da terra. Faço o mesmo. Sinto minha raiva diminuir e me forço a parar de olhar para esse sujeito zombeteiro. Concentro-me no fluxo. Depois de um longo tempo, olho para cima. Olho para o rosto do idoso, que está todo concentrado – o homem arrogante e zombeteiro desapareceu. Eu me afasto, sabendo que o velho cuidará da nascente e que posso voltar quando quiser. Eu me alegro e corro para a cidade.

Durante e após a imaginação, a analisanda fica muito impressionada com esse idoso, com sua concentração e presença. Entretanto, ela também fica muito feliz por conseguir se concentrar no fluxo da água – em outras palavras, naquilo que realmente importa. Essa imagem se tornou decisiva para ela no dia a dia; quando se sentia envergonhada por ter feito algo errado, conseguia evocar essa imagem internamente.

Em sua imaginação, porém, ela não é apenas dominada por essa imagem forte e calma, mas também é perturbada por um homem que percebe como arrogante. Ele personifica um lado dela que quer ser mais ativo e assumir responsabilidade maior.

Entretanto, na imaginação, ele não é somente crítico; seus argumentos podem ser muito importantes. Ela ainda não alcançou a idade em que poderia se retirar do mundo, mas ele zomba das experiências que lhe são significativas; esse é um lado que se volta arrogantemente contra a própria analisanda. Ela quer lidar com ele, mas a violência não parece ser um meio adequado; o que aparenta ser adequado é o foco na imagem da água que emerge da terra, esse símbolo de energia que flui da escuridão do interior da terra para a luz. Como resultado, ela experimenta um sentimento de pertencer a si mesma; a partir desse sentimento de segurança, ela pode e vai lidar com seu lado energético em uma imaginação dois meses depois. No momento, essa concentração no movimento da água parece essencial; a fonte também desperta tanto esse sentimento de início, de origem, como a ideia de que a água é inesgotável, daí a confiança no fluxo da vida, sabendo que algo sempre vai embora e que algo novo sempre vem.

14.3 Observações finais

Repetidamente, Jung cita a imaginação ativa como o método que permite lidar com afetos irritantes. A emoção se torna cada vez mais clara, o que viabiliza que ela seja moldada e confrontada (OC 8, § 167).

Em geral, a imaginação também desempenha um papel importante no processamento das imagens dos sonhos: o processamento imaginativo ressalta particularmente o aspecto final dos símbolos, o aspecto de esperança antecipada, de novas ideias. Jung comenta:

> Desde que, na imaginação ativa, o material é produzido em estado consciente, sua estrutura é bem mais completa do que a linguagem precária dos sonhos. [...]; por exemplo, os valores sentimentais lá estão e podem ser julgados através do sentimento. Com frequência, os pacientes sentem que certos materiais apresentam tendências para a visualização. [...] Ou, ainda, sentem-se dominados por uma emoção que, se tomasse forma, seria plenamente explicável. E assim começam a pintar, modelar (OC 18/1, § 400).

No entanto, a importância da imaginação ativa não se esgota aqui: quando ela é usada repetidamente – e as imaginações podem continuar por um longo período de tempo –, damos à nossa psique cada vez mais oportunidades de se desenvolver, abismos se abrem para nós, reconhecemos qual parte da nossa vida está em risco, qual porção do nosso ego está em perigo e também quais formas internas são úteis e podem nos fascinar. A imaginação ativa sempre nos dá a impressão de que esse mundo interior pode e deve ser moldado.

Nesse contexto, porém, não gosto da palavra “forçar” a que Jung recorre ao dizer que é preciso forçar essas figuras internas a falar e responder. É claro que essa expressão ajuda a esclarecer o método da imaginação ativa, mas, nesse conceito, é justamente o diálogo que importa – a ideia de que o inconsciente pode mudar o consciente e vice-versa. Porém, se o ego quisesse forçar essas figuras do inconsciente a fazer algo, seria possível que o inconsciente, por sua vez, violasse o consciente. Entretanto, a imaginação ativa não tem a ver com violação, mas com a transformação por meio do diálogo.

Jung recomendava a imaginação ativa como um método no fim de uma análise, como uma forma de o analisando se tornar mais independente do analista para poder lidar com o próprio inconsciente de forma mais autônoma (von Franz, 1958; 1972a; 1972b). Em vez de o analista analisar o inconsciente, o ego do analisando é que faz isso.

O fato de esse método ter sido contemplado no contexto do término de uma análise pode ser uma das razões pelas quais é considerado tão difícil. Jung também encorajava os analisandos a praticarem essa imaginação ativa em casa; eles então a registravam e levavam esse registro para a sessão analítica.

Em uma fase avançada, esse procedimento decerto é possível e, em geral, é simplesmente tratado dessa forma pelos analisandos. Entretanto, considero útil e proveitoso que essa imaginação ativa ocorra inicialmente na sessão analítica, de modo que o analista também possa assumir o papel do ego quando necessário. Além disso, no registro escrito das imaginações ativas é comum que se perca muito de sua vivacidade emocional.

É possível, ainda, que a imaginação ativa no âmbito da relação terapêutica seja vivenciada como um processo criativo impressionante que ocorre entre o analista e o analisando, o que também pode conferir à relação analítica uma profundidade muito especial, pois o trabalho conjunto com as imagens em cada uma das duas pessoas envolvidas no processo faz com que elas revivam imagens profundas em sua própria alma.

A imaginação ativa exige prática em imaginação, mas não perde nada de seu aspecto livre e autônomo ao ser praticada. Pelo contrário, por termos aprendido a imaginar essas imagens da forma mais vívida possível em todas as modalidades sensoriais, por termos aprendido a praticar estratégias para lidar com situações delicadas, tudo o que podemos fazer é permitir que tais imagens internas se desenvolvam em paz, sem que precisemos intervir apressadamente para controlá-las e corrigi-las. Essas imagens nos arrastarão consigo, mas podemos confiar que teremos condições de trabalhar nelas e com elas.

As várias técnicas que apresentei, as quais podem passar a impressão de que um método muito livre em si mesmo está sendo submetido a uma camisa de força, estão precisamente a serviço da liberdade – elas podem e devem ser esquecidas novamente a qualquer momento, assim que a imaginação e o confronto com ela se tornarem vivos.

O caráter numinoso que essa imaginação ativa pode ter não é diminuído por essa abordagem gradual que dela se faz: na imaginação, sempre encontramos um conteúdo que nos conecta com as profundezas da alma, algo que pode ter uma qualidade espiritual.

No entanto, sempre seremos confrontados com imaginações que estão próximas do nosso mundo cotidiano concreto. Devemos aceitar os impulsos que se apresentam a nós em nosso processo. Eles são os recursos acessíveis em cada caso. Imaginar ativamente é uma forma importante de autocuidado que leva à vitalidade.

Referências*

Afanasjew, A.N. (1985). *Russische Volksmärchen*. Winkler.

Amman, R. (1987). *Traumbild Haus*. Walter.

Anderten, K. (1986). *Traumbild Wasser*. Walter.

Bachelard, G. (1960). *La poétique de la rêverie*. PUF.

Beck, A.T. (1970). Role of fantasies in psychotherapy and psychopathology. *Journal of Nervous and Mental Disease 150*(1), 3-17.

Bloch, E. (1959). *Das Prinzip Hoffnung*. Suhrkamp.

Bräutigam, W., & Christian, P. (1992). *Psychosomatische Medizin: Ein kurzgefasstes Lehrbuch* (5. ed.). Thieme.

Cautela, J.R.; McCullough, L. (1986). Verdecktes Konditionieren: Eine lerntheoretische Perspektive der Vorstellungskraft. In J.L. Singer, & K.S. Pope (orgs.). *Imaginative Verfahren in der Psychotherapie* (pp. 291-321). Junfermann.

Corbin, H. (1958). *L'imagination creatrice dans le Soufisme d'Ibn Arabi*. Flammarion.

Damasio, A.R. (2000). *Ich fühle, also bin ich: Die Entschlüsselung des Bewusstseins*. List.

Damasio, A.R. (2011). *Selbst ist der Mensch. Körper, Geist und die Entstehung des menschlichen Bewusstseins*. Siedler.

Desoille, R. (1945). *Le rêve éveillé en psychothérapie*. P.O.F.

Eccles, J.C. (1987, 4 maio). Imagination and art. *Internationale Gesellschaft für Kunst, Gestaltung und Therapie*. Mitteilungsblatt.

* *As citações da* Obra Completa *de C.G. Jung seguem a edição publicada pela Vozes em 2011. São indicadas pelas iniciais "OC", seguidas pelo número do volume.*

Ellenberger, H.F. (1973). *Die Entdeckung des Unbewussten*. Huber.

Ermann, M. (1987). Die Gegenübertragung und die Widerstände des Psychoanalytikers. *International Forum of Psychoanalysis 2*, 100-111.

Frank, R., & Vaitl, D. (1983). Alexithymie: Differentialdiagnostische Analyse aus verhaltenstheoretischer Sicht. In H.H. Studt (org.). *Psychosomatik in Forschung und Praxis* (pp. 97-118). Urban und Schwarzenberg.

Frankl, V.E. (2005). Trotzdem Ja zum Leben sagen – Und ausgewählte Briefe (1945-1949). *Gesammelte Werke* (Vol. 1). Böhlau.

Freud, S. (2014). *Conferências introdutórias à psicanálise*. Companhia das Letras.

Freud, S. (2016). *Arte, literatura e os artistas*. Autêntica.

Frisch, M. (2011). *Andorra. Stück in zwölf Bildern* (16. ed.). Suhrkamp.

García Márquez, G. (2010). *Die Liebe in den Zeiten der Cholera* (8. ed.). Fischer.

Goldschmidt, H.L. (1970). *Freiheit für den Widerspruch*. Novalis.

Grimms Märchen (s.d.). *Vollständige Ausgabe* (Vols. 1-2). Manesse [GM].

Hark, H. (1987). *Traumbild Baum* (2. ed.). Walter.

Huber, H.D. (2008). Phantasie als Schnittstelle zwischen Bild und Sprache. In M. Ganss et al. (orgs.). *Ich seh dich so gerne sprechen: Sprache im Bezugsfeld von Praxis und Dokumentation künstlerischer Therapien* (pp. 61-70). Peter Lang.

Jacoby, M. (2000). *Übertragung und Beziehung in der Jungschen Praxis* (3. ed.). Walter.

Jacoby, M., Kast, V., & Riedel, I. (1985). *Das Böse im Märchen* (4. ed.). Bonz.

Jung, C.G. (1988). *Nietzsche's Zarathustra: Notes of the Seminar Given in 1934-1939*. Princeton University Press.

Jung, C.G. (1995). *Analytische Psychologie. Nach Aufzeichnungen des Seminars 1925* (W. McGuire, ed.). Walter.

Jung, C.G. (2002a). *Cartas* (Vol. 1.). Vozes.

Jung, C.G. (2002b). *Cartas* (Vol. 2.). Vozes.

Jung, C.G. (2009). *Das Rote Buch* (S. Shamdasani, org., 2. ed.). Patmos.

Jung, C.G. (2011). *Erinnerungen, Träume, Gedanken* (17. ed.). Patmos.

Jung, C.G. (2012a). *Briefe*. Band I: 1906-1945. Patmos.

Jung, C.G. (2012b). *Briefe*. Band II: 1946-1955. Patmos.

Jung, C.G., & Wilhelm, R. (2013). *O segredo da flor de ouro*. Vozes.

Kant, I. (1998). *Kritik der reinen Vernunft*. Wissenschaftliche Buchgesellschaft.

Kast, V. (1980). *Das Assoziationsexperiment in der therapeutischen Praxis*. Bonz.

Kast, V. (1985). Zum Umgang der Märchen mit dem Bösen. In M. Jacoby, V. Kast, & I. Riedel, *Das Böse im Märchen* (4. ed.). Bonz.

Kast, V. (1986a). *Mann und Frau im Märchen* (2. ed.). Walter.

Kast, V. (1986b). *Wege aus Angst und Symbiose* (6. ed.). Walter.

Kast, V. (1987a). *Der Teufel mit den drei goldenen Haaren* (4. ed.). Kreuz.

Kast, V. (1987b). *Sisyphos: Der alte Stein - der neue Weg* (2. ed.). Kreuz.

Kast, V. (1987c). *Trauern: Phasen und Chancen des psychischen Prozesses* (8. ed.). Kreuz.

Kast, V. (1987d). *Traumbild Wüste: Grenzerfahrungen unseres Lebens* (2. ed.). Walter.

Kast, V. (1993). *Märchen als Therapie* (4. ed.). Walter.

Kast, V. (1996). *Vom Sinn der Angst*. Herder Spektrum.

Kast, V. (1998). *Vom gelingenden Leben: Märcheninterpretationen*. Walter.

Kast, V. (2007). *Die Tiefenpsychologie nach C.G. Jung*. Kreuz.

Kast, V. (2008a). *Der Schatten in uns: Die subversive Lebenskraft* (5. ed.). dtv.

Kast, V. (2008b). *Freude, Inspiration, Hoffnung* (5. ed.). Patmos.

Kast, V. (2008c). *Konflikte anders sehen: Die eigenen Lebensthemen entdecken*. Herder Spektrum.

Kast, V. (2009a). *Paare: Wie Phantasien unsere Liebesbeziehungen prägen*. Kreuz.

Kast, V. (2009b). *Träume: Die geheimnisvolle Sprache des Unbewussten* (5. ed.). Patmos.

Kast, V. (2011). *Der schöpferische Sprung: Vom therapeutischen Umgang mit Krisen* (9. ed.). Patmos.

Kast, V. (2012a). *Das Mädchen im Sternenkleid und andere Befreiungsgeschichten im Märchen*. Patmos.

Kast, V. (2012b). *Vater-Töchter Mutter-Söhne: Wege zur eigenen Identität aus Vater- und Mutterkomplexen*. Kreuz.

Katz, D. (1961). *Gestaltpsychologie*. Schwabe.

Kurdische Märchen (1978). *Märchen der Weltliteratur*. Diederichs.

Lazarus, A. (1980). *Innenbilder: Imagination in der Therapie und als Selbsthilfe*. Pfeiffer.

Leuner, H. (1985). *Lehrbuch des Katathymen Bilderlebens*. Huber.

Leuner, H. (org.) (1980). *Katathymes Bilderleben: Ergebnisse in Therapie und Praxis*. Huber.

Maass, H. (1984). *Der Seelenwolf: Das Böse wandelt sich in positive Kraft*. Walter.

Mainberger, G.K. (1979). Imagination. In G. Condrau (org.). *Die Psychologie des 20. Jahrhunderts* (Vol. 15, pp. 25-43). Kindler.

Meier, I. (2005). *Primärprozess, Emotionen und Beziehungsmuster in Tagträumen. Europäische Hochschulschriften*. Peter Lang.

Neumann, E. (1974). *Die Grosse Mutter*. Walter.

Overbeck, E. (1994). *Krankheit als Anpassung: Der sozio-psychosomatische Zirkel* (6. ed.). Suhrkamp.

Petzold, E., & Reindell, A. (1980). *Klinische Psychosomatik: UTB 991*. Quelle und Meyer.

Phillipson, H. (1973). *A short introduction to the object relations technique*. NFER.

Popper, K.R., & Eccles, J.C. (1982). *Das Ich und sein Gehirn*. Piper.

Pouplier, M. (1986). *Traumbild Fisch*. Walter.

Reddemann, L. (2011). *Psychodynamisch-imaginative Traumatherapie. PITT – das Manual. Ein resilienzorientierter Ansatz in der Psychotraumatologie*. Klett-Cotta.

Renn, K. (2006). *Dein Körper sagt dir, wer du werden kannst: Focusing – Weg der inneren Achtsamkeit*. Herder Spektrum.

Revers, W.J. (1973). *Der thematische Apperzeptionstest (TAT)*. Huber.

Riedel, I., & Henzler, C. (2003). *Malen um zu überleben: Ein kreativer Weg durch die Trauer*. Kreuz.

Riedel, I., & Henzler, C. (2008). *Malen in der Gruppe: Modelle für die therapeutische Arbeit mit Symbolen*. Kreuz.

Riess, G. (1986). *Traumbild Feuer*. Walter.

Rudolf, G. (2010). *Psychodynamische Psychotherapie: Die Arbeit an Konflikt, Struktur und Trauma*. Schattauer.

Sandler, J. (1976). Gegenübertragung und Rollenübernahme. *Psyche 4*, 297-305.

Schultz, K.D. (1986). Imagination in der Behandlung von Depressionen. In J.L. Singer, & K.S. Pope, *Imaginative Verfahren in der Psychotherapie* (pp. 353-384). Junfermann.

Sellberg, A. (1980). Persönliche Erfahrungen mit dem Katathymen Bilderleben in Schweden. In H. Leuner (org.). *Katathymes Bilderleben: Ergebnisse in Therapie und Praxis*. Huber.

Singer, J.L. (1978). *Phantasie und Tagtraum: Imaginative Methoden in der Psychotherapie*. Pfeiffer.

Singer, J.L., & Pope, K.S. (orgs.). (1986). *Imaginative Verfahren in der Psychotherapie*. Junfermann.

Singer, W. (2006). *Vom Gehirn zum Bewusstsein*. Suhrkamp.

Stroebe, K., & T. Christiansen (orgs.) (1967). *Norwegische Volksmärchen*, Diederichs.

Studt, H.H. (org.) (1983). *Psychosomatik in Forschung und Praxis*. Urban und Schwarzenberg.

Uexküll, Th. Von, & Wesiak, W. (1986). Wissenschaftstheorie und psychosomatische Medizin. Ein bio-psycho-soziales Modell. In T. von Uexküll, *Psychosomatische Medizin: Theoretische Modelle und klinische Praxis* (3. ed.). Urban und Schwarzenberg.

Van Egeren, L.F., Feather, B.W., & Hein, P.L. (1971). Desensitization of phobias: Some psychophysiology propositions. *Psychophysiology*, *8*, 213-228.

Varela, F.J. (2000). Imagination als das eigentliche Leben. In B.-M. Baumunk, & M. Kampmeyer-Käding (orgs.). *Sieben Hügel – Bilder und Zeichnungen des 21. Jahrhunderts* (Vol. 7, pp. 56-59). Henschel.

Von Franz, M.-L. (1958). Aktive Imagination in der Psychologie C.G. Jungs. In W. Bitter (org.). *Meditation in Religion und Psychotherapie. Ein Tagungsbericht*. Klett.

Von Franz, M.-L. (1972a). Die aktive Imagination bei C.G. Jung. In W. Bitter (org.). *Praxis dynamischer Gruppenarbeit. Internationale Gemeinschaft Arzt und Seelsorger*. Stuttgart.

Von Franz, M.-L. (1972b). *C.G. Jung. Sein Mythos in unserer Zeit*. Huber.

Von Franz, M.-L. (2009). Der Individuationsprozess. In Jung, C.G. et al. *Der Mensch und seine Symbole* (17. ed., pp. 158-229). Patmos.

Wilke, E. (1983). Diagnostische und theoretische Aspekte der Arbeit mit dem Katathymen Bilderleben bei Patienten mit Colitis ulcerosa und Morbus Crohn. In H.H. Studt (org.). *Psychosomatik in Forschung und Praxis* (pp. 155-164). Urban und Schwarzenberg.

Zaunert, P. (1963). *Deutsche Märchen seit Grimm*. Diederichs.

Zigeunermärchen (1962). *Märchen der Weltliteratur*. Diederichs.